トラウマは遺伝する

家系に刻まれた「運命」を
最新の心理学で解き明かす

棚田克彦
サイコセラピスト

ビジネス社

はじめに

「心」の状態は、あなたがどの程度の幸福や成功、健康を手にすることができるかに影響する

このように言われたら、あなたはどのように反応しますか？

「その通りだと思います。何をするにも気分の良いときは前向きになれるし、いつもより行動的になれるからです。それに比べて、気分が落ち込んでいるときは、やる気が出ないし、ものの見方や考え方も後ろ向きになってしまいます」

おそらく、このように思うでしょう。

では、次はいかがでしょうか？

「家族」の状態は、あなたがどの程度の幸福や成功、健康を手にすることができるか

に影響する

「確かに、これもその通りだと思います。たとえばパートナーとの折り合いが悪く、いつも夫婦喧嘩が絶えないようではエネルギーを消耗するし、毎日の生活が楽しくありません。それに、身内に病人がいたり、子どもが不登校やひきこもりだったりすると、家族のことが気になって仕事にだって集中できません、ずっと心配ばかりしていると、自分の体調までおかしくなってしまうかもしれません」

「心」や「家族」の状態が、あなたの幸福や成功、健康等の成否に影響するというのは、まったくもって事実です。

しかし、これから私が本書であなたにお伝えすることは、「気分の良し悪しやストレスの有無が日々の幸福感に影響する」とか、「ビジネスで成功を収めるためにはマインドセット（心構え）が大切です」「心と身体はつながっています」などといったありふれたレベルの話ではありません。

まず、冒頭で私が「心」の状態と言ったのは、普段、あなたがその存在を自覚することのない「無意識の心（Unconscious Mind）」の状態を指しています。

しかも、それはあなた自身の「無意識の心」の状態だけでなく、あなたの家系（家族システム）に属するメンバー全員によって作られる「集合的無意識（Collective Unconscious Mind)」の状態をも含みます。

すなわち、あなたやあなたの両親、兄弟姉妹、すでに亡くなってしまった先祖、そして、病気や流産、死産、中絶等が原因で、幼くして命を失ったり、この世に生まれてくることができなかった子ども（水子）などは、「集合的無意識」の働きによって互いに強固に結びついた運命共同体を形成しています。

その結果、にわかには信じがたいことかもしれませんが、あなたがどの程度の幸福や成功、健康等を手にすることができるかは、あなたの家系の「集合的無意識」の状態と決して無関係ではいられないのです。

近年の心理学のトレンドは、個人が成育歴の中で経験した過去のトラウマだけを見るのではなく、自分の両親や先祖が過去に経験したトラウマをも含めて見る方法へと向かっています。

遺伝学の分野における最新の研究報告によると、トラウマの影響とその連鎖のメカニズムを理解するには、少なくとも家系を三世代は遡《さかのぼ》る必要があると言われています。

子どもや親、兄弟姉妹の早逝、子どもの引きこもりや不登校、両親や祖父母の離婚、身内の自殺といった、一見するとトラウマの種類も程度もまったく異なるように思える別々の出来事が、相互に影響を与え合いつつ、家系の流れに沿って親から子へ、子から孫へと遺伝する現象とその仕組みが明らかにされつつあります。

あなたの人生は、思い通りに進んでいますか？

もしあなたの答えが、「はい、１００％思い通りに進んでいます！」というものであれば、本書を読む必要はありません。

しかし、もしも次のような悩みを抱えているとしたら……。

・仕事が思うように進まず、行き詰まりを感じている

・お金の問題が尽きず、心が休まらない
・人間関係のストレスで疲れ切っている
・家族のことで深い悩みや葛藤を抱えている
・恋愛や結婚において、何度も壁にぶつかっている
・健康面で不安を抱え、病気がなかなか治らない　……など

このように、人生のどこかの分野で「一生懸命努力しているのに報われない」と感じたり、「生まれてからこれまで、幸せなんて一度も実感したことがない」と思っているのであれば、本書はまさに〝あなたのために書かれた一冊〟です。

「成功したい」「幸せになりたい」「健康になりたい」という願いは、国や文化、時代を超えて誰にでも共通する普遍的な願いです。

しかし、同じように夢や願望を抱いていても、理想の人生を手に入れる人がいる一方で、人並み以上に努力をしているにもかかわらず、思い通りの人生を送れない人がいることも事実です。

その違いは、願望の強さや努力の量だけでは説明できません。
そこには、家族や家系に関係する、ある深い秘密が隠されています。
どうすれば自分の理想とする人生を現実のものにできるのか？
その答えが、本書の中にあります。

サイコセラピスト　棚田克彦

目次

第1章 運命の謎を解き明かす

第2章

心理学の新常識　トラウマは遺伝する！

第3章

家系の運命を支配する4つの法則

第4章 「遺伝するトラウマ」を解消する方法

第5章

与えられた運命を克服した7人のストーリー

第1章

運命の謎を解き明かす

あなたの運命はあなたの選択で決まる

この世に生まれてから現在に至るまで、あなたは人生で無数の選択を繰り返してきました。

進学するか？　就職するか？
進学するならば、どの学校を選ぶのか？　就職するなら、どの会社で働くのか？
何を食べるか？　食べないか？
結婚するか？　独身を貫くか？
結婚するなら誰を伴侶とするのか？　離婚するべきか、それとも耐えるべきか？
手術を受けるか？　自然に任せるか？
右に進むか？　左に進むか？

Aを選ぶか？ Bを選ぶか？

このように数え切れないほどの選択を、あなたは積み重ねてきたはずです。
その結果、今の「あなた」が形作られています。
そして、これからも人生が続く限り、「選択」は終わることはありません。

あなたは、今の自分に満足していますか？

あなたの運命は、決して神様が振ったサイコロによって決まるものではありません。
あらゆる選択には必ず結果が伴い、日々積み重ねられた選択が、あなたの人生を形作ります。振り返ったとき、その軌跡を私たちは「運命」と呼ぶのです。

つまり、あなたの選択が、あなたの人生を作り、運命を決定づけていくのです。

人生が思い通りにならないのは同じ「選択のパターン」を繰り返すから

私たちの人生には、合理的に考えると不可解な繰り返しの行動が存在します。

さらによく観察すると、その中には一定のパターンや法則が隠れています。

たとえば、頭では「成功したい」「幸せになりたい」「健康でありたい」と考えながらも、心の深い部分では「自分は成功や幸せ、健康に値しない」と感じてしまうことがあります。その結果、人生を良い方向へと導こうとしながらも、無意識のうちに自らブレーキをかけてしまうのです。

実際、「成功を願いながらも成功するのが怖い」「幸せを望みながらも幸せになることに罪悪感や不安がある」「健康を求めながらも病気のほうが安心する」といった葛藤を抱える人は珍しくありません。

人には「選択のパターン」がある

私たちは、頭と心が矛盾する方向性を持っているとき、真の成功、幸福、健康から遠ざかってしまいます。

努力しても悩みが解消しない、幸福になれない理由は明白です。
それは、あなたが無意識に同じ選択を繰り返しているからです。

どれだけ一生懸命に頑張っても人生が変わらないなら、それは同じ「選択のパターン」を繰り返していることが原因です。

なぜ、人は幸福を願いながらも、不幸な選択をしてしまうのでしょうか？

たとえば、次のような例があります。

【仕事】

・やりたいことに向かうチャンスを避ける
・「ここ一番」で失敗を繰り返し、努力が報われない

【恋愛・結婚】

・幸せになれない相手ばかり選んでしまう
・DVや浮気、ハラスメントを繰り返し経験してしまう

【人間関係】

・親密な関係を築くのが怖い
・自己犠牲が多く、苦労が絶えない
・安心できる自分の居場所がない。除け者にされたり、邪魔者扱いをされる
・常に誰かと戦っている
・自分の本当の居場所は、どこか別の世界にあるような気がしている

【健康】

・過労や病気を繰り返し、深い孤独感にさいなまれる
・生きる気力を失いそうになることがある
・大きな怪我や事故を繰り返している

・悲しみや憂鬱な気持ち、孤独感や喪失感をずっと抱えて生きている
・死にたい気持ちや消えてしまいたい気持ちがある

【お金】

・幸せになることに罪悪感を覚え、お金の問題が絶えない
・お金に関する苦労や争いごとが絶えない。お金を持つと不安になる

私たちは、無意識のうちに「同じ選択」を繰り返し、自ら苦しみを作り出しています。しかし、その事実に気づくことができれば、未来は変えられます。

あなたの人生（運命）は、あなたの選択が作っています。
あなたの選択を変えること。それが、人生を変える第一歩です。

それが苦痛や葛藤であっても人は慣れ親しんだ感覚を選択する

私たち人間は、自らの選択によって望ましくない経験や不快な状況を繰り返してしまうことがあります。それはなぜか？　最初にその理由を明らかにしたのは、19世紀後半から20世紀にかけて活躍したオーストリアの精神科医であり、精神分析学の創始者として知られるジークムント・フロイト（Sigmund Freud／1856－1939）です。

フロイトは「人間の思考や行動は、心の意識的な部分だけでなく、意識の下に隠された無意識の心に大きく影響される」と考えました。この無意識の概念は、それまでの心理学の常識を覆し、分野全体に革命をもたらしました。当時、この考え方は多くの批判や議論を呼びましたが、フロイトの理論はやがて広く受け入れられ、現在でも心理学や精神医学の重要な基盤として認識されています。

人は慣れ親しんでいる感覚を選択する

一般的に、私たちは本能的に快楽を求め、不快や苦痛を避けようとする傾向があると考えられています。

しかし、フロイトは臨床の場で、人々がむしろ苦痛や困難な経験を繰り返す場合があることに気づきました。不幸な恋愛を繰り返したり、職場で何度もトラブルに巻き込まれたりする人がいるのはその一例です。

このような現象は、フロイトの提唱した「反復強迫」という概念によって説明されます。反復強迫とは、過去の体験、特に解消されていない心理的な葛藤や苦痛を、無意識に再現し続ける心理的傾向を指します。たとえそれが苦痛を伴うものであっても、「馴染み深い体験に戻ろうとする心の働き」として現れるのです。

人間の無意識は、安心感や安定感を求めるあまり、たとえそれが苦しい記憶であっても、同じような状況を再び選択することがあります。

たとえば、子どもの頃に両親からの愛情不足を経験した人が、その後の人生で無意識に自分を大切にしてくれないパートナーを選び続ける場合があります。

また、学校でいじめや否定的な扱いを受けた経験がある人が、大人になってからも似たような人間関係を築いてしまうことがあります。

これらの現象の根底には、無意識の心に放置された「未解決のトラウマ」や「未消化の感情」が存在しています。それが再び同じ体験や状況を引き寄せるように働いているのです。

では、なぜ私たちはこのような不快な状況を繰り返してしまうのでしょうか。

一つの考え方として、無意識の心が「未解決の問題を解決しよう」と試みている可能性があります。

つまり、過去のトラウマや感情を再現することで、それを乗り越えようとしているのです。しかし、無意識のままでは解決には至らず、むしろ同じ失敗を重ねてしまうことが多いと考えられます。

反復強迫を理解するためには、以下のポイントが重要です。

・本人の意思とは無関係に繰り返される問題は、本当は、未解決のトラウマが原因である。
・未解決のトラウマによって引き起こされる問題は、本人は自分で選択している自覚がないので、「運命」として誤解する（例：仕事運、金運、恋愛・結婚運、人間関係運、健康運など）。
・「運命」と思われている現象は、実は無意識が作り出したパターンに過ぎず、それは人為的な不幸である。

こうした反復強迫は人生に大きな影響を与えるため、セラピーによる介入が重要になります。セラピーを通じて無意識に隠されたトラウマや未解決の感情を認識し解消することで、人はこの不毛な繰り返しから解放されます。

未解決のトラウマを抱えている人は重要な場面で不幸な選択を引き寄せる

あなたが「悩みを解決したい」「幸せになりたい」と強く願っているにもかかわらず、悩みや不幸を無意識に繰り返し選択してしまうのは、心の奥底に抱える未解決のトラウマが影響しているからです。

未解決のトラウマを持つ人の特徴として、生涯にわたり幸福を避け、不幸を選ぶという無意識的な行動パターンが見られます。未解決のトラウマはあなたの意思に反して、人生の重要な場面で不幸な選択を引き寄せる原因となるのです。

しかし、このトラウマを解決することで、自分の意思で幸福を選び取る人生が可能になります。

人間が選択するときの深層心理のメカニズム

なぜ未解決のトラウマを抱えていると、人は自ら失敗や不幸、病気を選択してしまうのでしょうか？　その理由を理解するためには、私たちが選択を行う際の深層心理のメカニズムを知る必要があります。

人間の選択の仕組みは、精神物理学の創始者グスタフ・フェヒナー（Gustav Theodor Fechner／1801－1887）が提唱し、ジークムント・フロイトが精神分析学に取り入れた「快楽原則」によって説明されます。

「快楽原則」とは、人間に本能的に備わった無意識的な衝動で、快楽を追求し苦痛を避けようとする傾向を指します。この原則には、次のような特徴があります。

・人間は「苦痛」を避け、「快楽」を求める傾向がある
・最小の努力で最大の満足を得ようとする欲求がある
・無意識的な心の働きを支配する原則である

この事実と、「未解決のトラウマを持つ人は幸福を避け、不幸を選択してしまう」という傾向を組み合わせると、次のような仮説が成り立ちます。

「未解決のトラウマを抱えた人は、幸福であることに苦痛を感じ、不幸であることに快楽を感じているのではないか？」

驚くべきことに、この仮説は正しいことがわかっています。トラウマによる行動パターンは、その人の心にとって安全だと感じられる範囲内での選択に縛りつけられるため、幸福そのものが「未知で危険なもの」として無意識に回避されてしまうのです。

ここで重要なのは、未解決のトラウマを抱えた人々にとって、「快楽」を感じることが必ずしも「幸福」であることを意味しないという点です。

これは、「快」や「楽」を求めて努力を重ねても、必ずしも「幸福」にはつながらないことを示しています。むしろ、苦痛を避けて快楽を追求する行動が、かえって幸福を遠ざけることになります。

未解決のトラウマを抱える人々に共通する特徴として、人間関係を築いたり、人の役に立つことをしたり、やりがいのある仕事に就いたり、愛する人と家庭を築いたりすることに、不安や抵抗感、葛藤を感じるという問題があります。

こうした行動は本来、私たちに幸福をもたらすものです。しかし彼らは、それらを「苦痛」として認識し、避けようとしてしまうのです。

セラピーのクライアントの中には、「自分が幸せになることに罪悪感を感じる」と話す人もいます。このような場合、快楽原則に従って「苦痛」を避け「快楽」を求める選択を繰り返すと、努力すればするほど幸福から遠ざかるという矛盾が生じます。

たとえば、自己成長や愛情を求める一方で、心のどこかでそれが「自分にふさわしくない」と感じてしまい、無意識に拒絶する行動をとってしまうのです。

もし日常生活の中で深刻な悩みや病気などを抱えている場合、それを解消することが最優先です。しかし、たとえその問題が解消され「楽」になったとしても、人生そのものが変わり「幸福」になれるとは限りません。

なぜなら、「楽」であることは必ずしも「幸福」であることを意味しないからです。「楽」だけを求めて歩む人生は、短期的な満足をもたらすかもしれませんが、長期的には魂が求める本質的な充実感や安らぎをもたらすものではありません。

真の幸福にたどり着くためには、私たちは自分自身と向き合い、未解決のトラウマを解決し、本当の意味での自由と喜びを選び取る必要があります。

未解決のトラウマを見つけて解消すると運命が変わる

本来、私たち人間は皆、幸福な生き方に快楽を感じ、不幸な生き方に苦痛を感じるようにプログラムされてこの世に生まれてきます。私たちが不幸を避け、心身ともに幸福な人生を歩むことは、特別な能力や資質を必要とするものではなく、自然の摂理に沿ったごく当たり前のことなのです。

にもかかわらず、幸せであることに不安感や罪悪感を感じ、幸福な生き方を避けてしまう人がいるのはなぜでしょうか？

また、辛い状況に安心感や納得感を覚え、不幸にとどまり続ける選択をする人がいるのはなぜなのでしょうか？

未解決のトラウマが不幸な選択に導く

「頭では幸福を願いながらも、心は幸福であることに苦痛を感じて避けてしまう」
「結局、不幸であることに安心し、最終的に不幸を選択してしまう」

このような状態に陥る背景には、無意識の心に残された未解決のトラウマの影響があります。

未解決のトラウマを抱えている人は、幸福な生き方に苦痛（不安、罪悪感など）を感じ、不幸な生き方に快楽（安心感、納得感など）を感じてしまうという、いわば「間違った感じ方」の問題を抱えています。

ですから、もしあなたが不幸な生き方を避け、幸福な生き方を選択して、思い通りの人生を生きたいと願うのであれば、まずその障害となっている未解決のトラウマを発見し、解消することが最も確実で最短の方法です。

トラウマを解消することで、あなたの頭で考える成功や幸福、健康な生き方を、努力することなく、自然に選び取ることができるようになります。

幸福を追い求めて苦しむのではなく、幸せが「本来の自分の生き方」だと感じられるようになるのです。

次項では、実際にセラピーを受けて未解決のトラウマを発見し、解消したことで、悩みが解決して、自然に幸福を選択できるようになったクライアントの実例を見ていきます。

あなたが15歳までに経験した「個人的なトラウマ」が人生を決定づける

あなたが0歳でこの世に生を受けてから現在に至るまでの間に経験した育生歴上のトラウマを、「個人的トラウマ」と呼びます。

個人的トラウマの記憶は、意識には上らないものの、あなたの無意識の心の中に深く刻み込まれています。そして、おおよそ15歳頃までに経験した個人的トラウマが、あなたの人生における「ストーリー（筋書き）」を決定すると考えられています。

つまり、「あなたが仕事やお金、人間関係、恋愛・結婚、健康といった人生のさまざまな場面で、どのような成功と失敗のパターンを繰り返し経験するのか」、そして最終的には、「あなたの人生がハッピーエンドになるのか、それともバッドエンドになるのか」ということが、驚くべきことに、15歳になる頃までにほぼ決まってしまうのです。

個人的トラウマが人生に影響を与える実例

この考えは、にわかには信じがたいかもしれません。しかし、心理学セラピーの世界では、幼少期や思春期に形成された無意識のパターンが、その後の人生の選択や行動を大きく左右することが知られています。

この「個人的トラウマ」が具体的にどのようなものか、またそれが私たち人間の運命にどのように影響を及ぼすのかを理解するためには、実際のセラピー事例を見ていただくのが最もわかりやすいでしょう。

以下、個人的トラウマが恋愛や結婚運にどのような影響を与えるかを示す実例を紹介します。

個人的トラウマ事例❶

お母さんへの復讐

世の中には自ら進んで不幸を選択する人たちがいます。美樹さんもそういう女性でした。

美樹さんは、「結婚を望んではいるけれども、結婚できない」という悩みを抱えていました。はじめは普通にカウンセリングをしていたのですが、なかなかその原因がわからず、クライアントを軽いトランス状態に導いて年齢退行を施したところ、以下のような驚きの事実が明らかになりました。

美樹さんがまだ5歳のとき、お母さんがいつもは自分のために歌ってくれていた子守唄を、生まれたばかりの妹にも歌ってあげました。それ以来、美樹さんは妹へのイジメを始め、お母さんには復讐を誓いました。

親戚のおばさんが「美樹ちゃんは明るくて可愛いね。大きくなったらきっと可愛いお嫁さんになって、お母さんが喜ぶよ」と言うので、「お母さんへの復讐は、結婚してお嫁さんなんかに決してならないことだ」と決断したのです。

その後、美樹さんはセラピーを受けて、妹に自分と同じ子守唄を歌ってあげた母親を許しました。そして、約1年半後に結婚することができたのです。

個人的トラウマによる影響は健康運にも及びます。

個人的トラウマ事例❷

私はこの世に存在してはいけない

千春さんは、三人姉妹の末っ子です。

カウンセリングを始めて15分ほど経つと、子どもの頃に自分だけがいつも母親に批判されていると感じていたことや、姉妹の中で自分だけが結婚に失敗し、職業的な成功も得られず、母親を失望させてきたと感じていることを打ち明けてくれました。

千春さんの家庭には、千春さんがまだお母さんのお腹の中にいる頃、とても悲しい出来事がありました。千春さんのお姉さんであった3歳の次女が、食物アレルギーによるアナフィラキシーショックで、一夜にして亡くなってしまったのです。

母親の悲しみは非常に深く、後に幼稚園児になった千春さんに対して「お母さんは、本当はあなたを堕《おろ》してしまいたかった」と語ったほどでした。しかし、時期的に妊娠を中絶するには手遅れで、悲しみに沈む一家の中に千春さんは望まれずして生まれてきたのです。

次女の死にショックを受けて深く悲しんでいた母親は、千春さんを出産したときにうつ状態にありました。そのため、長女や次女にしてあげたのと同じような十分なかかわり方を、小さい千春さんにしてあげることができませんでした。

その結果、千春さんと母親との愛着関係が不安定になり、千春さんには愛着障害の症状が見られるようになりました。

幼少期の千春さんは、家族の中で「いつも自分だけが阻害されている」と感じていたそうです。また、母親の「お母さんは、本当はあなたを堕してしまいたかった」という言葉は、「私はこの世に存在してはいけない」というビリーフを、小さい千春さんの心に深く刻み込みました。

そして、成人した千春さんは重度のうつ病になり、10年間以上も精神科への通院と入退院を繰り返すようになったのです。

ただ、幸いなことに、千春さんは繰り返すうつ病の「本当の原因」が初回のセッションで明らかになったため、全7回のセッションでうつ病の症状を完全に克服することができました。

第2章

心理学の新常識
トラウマは遺伝する!

「遺伝するトラウマ」が「幸福な人生の選択」を妨げる

私たち人間は、過去の望ましくない体験、特に解消されていない心理的な葛藤や苦痛を無意識のうちに再現し続けるという、「反復強迫」と呼ばれる心理的傾向を持っています。すなわち、無意識の心に未解決のトラウマを抱えていると、自覚のないまま自らの選択によって過去に経験したトラウマ的な状況を繰り返し再現してしまいます。

これは、自分の意思に反して不幸な生き方を繰り返す原因となります。

しかし、セラピーを受けて無意識の心の中に放置されたままの未解決のトラウマを解消することができると、人生のさまざまな分野において、成功や幸福、健康といった理想の生き方や「なりたい自分」を選択できるようになります。

これは、心理学の世界でよく言われる言葉、「過去と他人は変えられない。変えられるのは現在の自分だけ」とも一致しています。つまり、「悩みを解決しようと思ったら、現在の自分を変えるだけでよい。他人や過去を変える必要はない」ということです。

ここで重要なのは、この考え方の前提です。それは、「問題の原因は自分の中に存在する」という思想。だからこそ、「自分の中にある原因を解消することで、自分の悩みを解決できる」と言えるのです。

しかし、この前提は本当に正しいのでしょうか？ 自分の中に原因を見つけ、それを解消すれば悩みが完全に解決するというのは、すべての現実に当てはまるのでしょうか？ 次にお話しするのは、今から十数年前、私がサイコセラピストとしての仕事をスタートして数年が経った頃の実体験です。

セラピー事例❶

母親は私のせいで自殺をした

弘美さんは、セラピーを受けに私の元を訪れました。弘美さんは「母親は私のせいで自殺をした」と訴えています。

そこで、私はこうたずねました。

「では、あなたが生まれる以前は、あなたの母親は幸せだったのですか？」

「いいえ、母親は父親と結婚する前にも自殺を試みたことがあります」

「祖母も、母親がまだ子どもの頃に、ある事件がきっかけで自殺したと母親から聞いています」

と弘美さんは答えました。さらに、

「他にも身内に自殺者がいます。すべて女性です」

「私（弘美さん自身）もときどき死にたくなることを繰り返しています」

と言うのです。


当時、サイコセラピストとしての知識も経験もまだ未熟だった私は、クライアントとこのやり取りをした瞬間、自分の中で新しい扉が開かれるような感覚を覚えました。

同時に、これまでの私の認識や手法では到底解き明かせない深い問いに触れたような気がしたのです。

「弘美さんのこの問題は、いつ（誰）から始まっているのだろう？」

「どう考えても、この問題は弘美さんが生まれる前から始まっているとしか思えない」

「だとしたら、これは弘美さんに解決できる問題なのだろうか？」

「この問題の大元の原因はどこ（誰）にあるのだろうか？」

「本当に癒されるべきは誰のトラウマ（心の傷）なのだろうか？」

これらの問いは、まるで心の中で止まることのないさざ波のように、私の思考を揺らし続けました。

それでも私は、これらの問いに明確な答えを見つけることができませんでした。

「問題の原因がクライアントの中に存在しない場合もあるのではないか？」という疑問は心の中で燻《くすぶ》り続けていたものの、当時の私にできたことは、これまでのセラピーの前提に従い、「自分が変わることで悩みが解消する」という考えを基盤にしたアプローチを繰り返すことだけでした。

そのような状況が数年間も続き、私の中には解き明かせない謎に対するもどかしさと、何かに導かれているような期待感が同居していました。

シュッツェンバーガーの祖先症候群との出逢い

ある研究者が書いた一冊の文献との運命的な出合いによって、この謎は解決へ向けて大きく進展しました。その研究者とは、フランスの心理学者であるアンネ・シュッツェンバーガー（Anne Schützenberger／1919-2018）で、文献とは『祖先症候群（The Ancestor Syndrome)』でした。

シュッツェンバーガーは、家族療法や世代間トラウマの分野において業績を残した学者です。彼女の代表作『祖先症候群』は、家族や先祖の未解決のトラウマがどのように後世に影響を及ぼすかを掘り下げていて、まさに私が抱えていた疑問に対する答えを見いだすきっかけとなりました。

祖先症候群とは、家族の物語や未解決の問題、トラウマが世代を超えて先祖から子孫へと受け継がれ、私たちの日常的な思考や感情、行動パターンに現れる現象を指します。

シュッツェンバーガーは、この現象が個人の心理的、身体的な健康問題や病気に関連していることを、数々の事例とともに解き明かしています。

たとえば、ある家系で代々繰り返される離婚やアルコール依存症といった特定の行動パターンは、祖先から受け継がれた未解決のトラウマによるものである可能性を示唆しています。

さらに彼女は、この書籍の中で、家族のメンバーが過去に経験した未解決のトラウマや感情的な苦しみが、どのように次世代に伝わるかについても詳細に述べています。

その一例として挙げられるのが、「記念日症候群(Anniversary Syndrome)」という概念です。記念日症候群とは、家族内で重要な出来事が起こった日や時期に、その後の世代が無意識のうちに影響を受ける現象を指します。

たとえば、過去に先祖の誰かが大災害や病気に直面した日付や時期に、その子孫が似たような状況や感情を経験することがあるのです。

この現象は、まるで時間を超えた感情の糸が私たちをつなぎ止めているようであり、トラウマの遺伝の実態を浮き彫りにするものでした。

家系図を使って家族のトラウマを分析

さらにシュッツェンバーガーは、家族の歴史やトラウマを分析するために、「家系図（Genogram）」を活用する手法を提案しました。

この手法では、家族の関係性や心理的なパターンを視覚化することで、家系の抱える問題の根源を特定し、その解決策を模索することが可能になります。

こうした理論を読み進める中で、私は、自分が長年抱えてきた「問題の原因がクライアント本人の中に存在しない場合もあるのではないか？」という問いに対して、納得感のある答えをようやく見いだすことができたのです。

さらには、偶然目にしたシュッツェンバーガーとバート・ヘリンガーの対談動画が、私に新たな学びをもたらしました。ヘリンガーが創始した「ファミリーコンステレーション（Family Constellation）」というセラピー手法の存在を、この動画を通じて知ったのです。この瞬間、私の中で点と点がつながり、セラピーに対する視野がさらに広がる感覚を味わいました。次項で詳しく紹介します。

家族システムのトラウマを癒やす「ファミリーコンステレーション」

バート・ヘリンガー（Bert Hellinger／1925-2019）はドイツ人の哲学者であり、家族療法の一種「ファミリーコンステレーション」の創始者として、その革新的な理論と実践によって世界的に知られる人物です。

彼の研究は、家族の問題や未解決のトラウマがどのようにして世代間を超えて伝わり、それが個人の人生や行動、感情にどのような影響を及ぼすのかという深遠なテーマに焦点を当てています。

ヘリンガーの理論の中心には、家族システム（≒家系）という概念があります。

これは、家族という単位を一つの有機的なシステムとして捉え、そのメンバー同士が互いに無意識のレベルでつながり合い、影響を与え合うという考え方です。

この無意識のつながりが、家族全体における「見えない忠誠心」や「繰り返されるパターン」を生み出し、場合によってはトラウマや問題を次世代へと引き継ぎます。

「代理人」がメンバーの役割を担う

ヘリンガーが創始した「ファミリーコンステレーション」は、こうした無意識のつながりを可視化し、解明するための実践的な手法です。

この手法では、参加者が「代理人」として家族やシステム内のメンバーを表現し、特定の配置に立つことで、家族全体の中に隠された感情や力動が浮かび上がります。

たとえば、ある代理人が家族の一員を象徴する位置に立つことで、その場に居合わせる他の代理人や参加者が、特定の感情や身体的な感覚を共有することがあります。

こうした現象は、家族システムの中で長らく抑圧されてきた感情や対立を表面化させ、解放へとつなげることができるのです。

さらに、ファミリーコンステレーションの理論は、家族内における「秩序」や「バランス」の重要性を強調しています。

ヘリンガーは、家族が健全に機能するためには、一定のルールや原則が守られる必要があると考え、これを「愛の秩序（Orders of Love）」と名づけました。

この「愛の秩序」として提唱された４つの法則は、以下の通りです。

「愛の秩序」の4つの法則

【所属の法則】

すべての家族メンバーには、その家族に無条件で所属する権利があり、どのメンバーも排除されてはならない。

【ランクの法則】

家族のメンバーは、家族内での生まれた順序や加入順によって特定の位置づけを与えられる。

【ギブアンドテイクの法則】

ある家族のメンバーが他者との間で持つ、与えることと受け取ることのバランスが崩れると、その不均衡は次世代以降の子孫によって回復が図られる。

【運命の法則】

誰もが自分の運命を引き受けるべきであり、他者の運命を肩代わりすることはできない。

これらの法則が守られないと、家族システムの秩序が乱れ、その結果として次世代にトラウマや不幸が受け継がれることがあるとされています。

たとえば、家族の中で排除されたメンバーがいる場合、その影響が他の家族メンバーに現れたり、次の世代で同じような問題が繰り返されることがあります。この秩序の乱れが放置されると、家系全体が深刻な影響を受けることがあるのです。

ヘリンガーのファミリーコンステレーションは、このような秩序の乱れを解消し、家族システムの調和を回復することを目的としています。このプロセスを通じて、家族全体が持つ無意識のつながりを癒し、個人に新たな選択肢を提供することが可能になります。

ヘリンガーの業績は、私自身が行っている遺伝するトラウマに関するセラピーの技法や研究においても、重要な土台となっています。

そして、現在の私は、ヘリンガーの「ファミリーコンステレーション」に加えて、シュッツェンバーガーの「祖先症候群」、リポッド・ソンディの「運命分析」、マリー・ボウエンの「トライアングル理論」といった複数の心理学を『運命心理学』という名の下に統合し、家系を遺伝するトラウマが、個人と家族の運命（人生脚本）に与える影響とその解決方法について、独自の理論と技法の研究開発に取り組んでいます。

未解決のトラウマが「幸福な生き方」の選択を邪魔する

未解決のトラウマを抱えたままの状態にある人は、幸福な生き方を選ぼうとすると、むしろ苦痛（不安、罪悪感など）を感じ、不幸な生き方には逆に快楽（安心感、納得感など）を感じてしまうという「間違った感じ方」の問題を抱えています。

この「間違った感じ方」は、意識して避けようとしても根深く私たちの無意識に影響を与え、人生における重要な選択肢を歪めます。

その結果、未解決のトラウマを抱えた人は、どれほど幸福を願ったとしても、無意識のうちに幸福を避け、不幸な生き方を選び取ってしまうことが多いのです。こうした間違った選択を繰り返すことで、「人生が思い通りにならない」「いくら頑張っても報われない」「努力をすればするほど、成功や幸福から遠ざかってしまう」という感覚に陥ることが珍しくありません。

もし、あなたがこれらの困難を何度も経験しているのであれば、それは「未解決のトラウマ」があなたの選択を無意識に導いているサインかもしれません。

トラウマを癒やせば幸福や成功を選択できる

未解決のトラウマが解消されていない限り、このような問題は人生のあらゆる局面で繰り返されます。

しかし、安心してください。トラウマを見つけ、癒すことで、あなたは不幸を避け、自然に幸福な生き方を選択できるようになります。

トラウマを癒すことで、これまで感じていた「幸福への苦痛」や「不幸への快楽」といった誤った感覚が解消されます。そして、本来の自分らしい生き方に対する抵抗感が消え、楽に、そして自然に幸福や成功を選べるようになるのです。

これは、成功や幸福、健康を手に入れるための最も確実で、最も短いルートなのです。

これまで見過ごされてきた集合的無意識のトラウマ

ここで問題になるのが「トラウマの種類」です。

私たちの自由な選択を邪魔するトラウマには、大きく分けて二つの種類が存在します。それぞれが私たちに異なる形で影響を与え、健康や幸福感、自己実現の妨げとなります。

個人的トラウマが人生に与える影響

まず、一つ目は、個人的トラウマです。

個人的トラウマについてはすでに前章で説明しましたが、これは私たちがこの世に生を受けてから今日に至るまでに経験した、精神的なショックや苦痛を伴う出来事に関連します。

たとえば、子どもの頃に親から十分な愛情を受けられなかった、親から虐待を受けた、学校での酷いイジメに苦しんだ、あるいは災害、事故、病気に見舞われたといった出来事がこれに該当します。

こうした出来事は、心の傷を生み、その後、不安感や自己否定感、さらには慢性的なストレスや孤独感として、私たちの日常に暗い影を落とすことがあります。

ときには、それが日々の生活に大きな困難を引き起こし、重度の場合には心的外傷後ストレス障害（ＰＴＳＤ）といった精神疾患を引き起こす可能性さえあります。

個人的トラウマは、一人ひとりの無意識の心の中に刻み込まれています。

これは、私たちの意識的な選択や行動に知らず知らずのうちに影響を与えるものであり、日常生活の中で「なぜこう感じてしまうのか」「なぜこう行動してしまうのか」といった疑問を生じさせる原因にもなります。

通常、「トラウマ」と言えばこの個人的トラウマを指します。個人的トラウマは、それを経験した本人が適切なセラピーを受けることで克服が可能です。個人的トラウマは自分自身の人生における体験がそのまま発生源であるため、セラピーによって癒すことが可能です。

近年注目されている集合的無意識のトラウマ

そして、もう一つが、本書の主題である集合的無意識のトラウマです。

集合的無意識のトラウマとは、家系の集合的無意識の働きを通じて、親から子へ、さらに孫へと遺伝するトラウマのことを指します。

この概念は、ここ20年ほどの間に注目されるようになりました。以前は、その存在を知る人はごく限られており、広く理解されるには至っていませんでした。

集合的無意識のトラウマの特徴は、トラウマの症状に苦しむ本人が、それを直接経験していないという点にあります。親や先祖が経験したトラウマが、集合的無意識というい見えないネットワークを介して、子や孫の世代に伝えられます。

たとえば、ある家系に隠された秘密やタブーが後世の家族に深刻な影響を与える、親

子代々繰り返されるアルコール依存症や離婚、経済的困窮、さらには家族内での犯罪や自殺といった悲劇が後を絶たないなど、こうした現象は集合的無意識のトラウマが関与している可能性があります。

従来の手法では解決が困難

集合的無意識のトラウマの厄介な点は、従来の心理学やセラピー、スピリチュアルな手法では解決が不可能なことです。なぜなら、トラウマの症状に苦しむ本人の中に、その原因となる体験を見つけることができないからです。

本人が直接トラウマを経験していないため、その癒しにはまったく異なるアプローチが必要となります。

実際、集合的無意識のトラウマを解消するには、まず大元のトラウマを直接経験した人物を特定し、その出来事の詳細を明らかにすることが求められます。

しかし、仮にそれが可能であったとしても、問題は残ります。その人物がすでに亡くなっている場合や特定が不可能な場合には、出来事の詳細を明らかにすることができません。
このような理由から、集合的無意識のトラウマはこれまで見過ごされ、放置されてきたのです。

個人的トラウマと集合的無意識のトラウマは、それぞれが異なるメカニズムで私たちの幸福を選択する能力を妨げます。そのため、それぞれの特性に応じた適切な解決方法が必要です。よって、この2種類のトラウマの違いを正しく理解することは、極めて重要です。

集合的無意識のトラウマが引き起こす困難をセラピーで解決した実例集

本人の意思とは無関係に繰り返される問題の背後には、無意識の心の中に刻み込まれた未解決のトラウマが潜んでいます。

未解決のトラウマを抱える人は、幸福な生き方に対して不快感や苦痛（不安、罪悪感など）を感じ、一方で、不幸な生き方に対して快楽（安心感、納得感、他者とのつながりなど）を覚えるという「間違った感じ方」を無意識に持っています。

その結果として、未解決のトラウマを抱えている人は、幸福を避け、不幸を求める選択を無意識のうちに繰り返します。

これが心理学で言うところの「快楽原則」の逆転現象に他なりません。

さらに、未解決のトラウマが原因で引き起こされる問題は、本人の意思とは無関係に繰り返されるため、当人にとってはそれがあたかも「天から与えられた運命」であるかのように感じられるのです。

しかし、ここで知っていただきたい重要な事実があります。

本人が「運命」と信じているものは、実際には自らの選択によって作り出した人為的な不幸に過ぎません。

このような問題に直面した場合、解決の鍵はただ一つです。

それは、未解決のトラウマを見つけ出し、それを解消することです。未解決のトラウマを癒すことで、人生の歪みは整えられ、真の幸福に向けて歩み出すことが可能になります。

ではここで、集合的無意識のトラウマに焦点を当てた実際のセラピー事例をいくつかご紹介いたしましょう。

セラピー事例❷

三世代で繰り返す夫の浮気と暴力

佳恵さんは二度の離婚を経験し、そして現在は三人目の夫との間で離婚協議中です。佳恵さんとのセラピーを通して明らかになったことは、

・佳恵さんの離婚の原因は、三回とも夫の浮気と暴力
・佳恵さんの母親も、夫（父親）の浮気と暴力が原因で一度離婚している
・佳恵さんの母方の祖母も、夫（祖父）の浮気と暴力が原因で一度離婚している

という事実です。

佳恵さんは生まれてから中学2年生で両親が離婚するまでの間、家の中で酔っ払った父親が母親に暴力を振るう様子を見て育ちました。小学校3、4年生になる頃には父親が他に女を作って浮気をしていることも全部知ってい

たそうです。

しかし、子どものために家族の平和を大切にしたいと考えた佳恵さんの母親は、表立って夫（父親）に腹を立てることはなく、ずっと我慢をしていたようです。ただ、母親が離婚を決意して、そのことを中学生の佳恵さんに伝えるとき、一度だけ佳恵さんの前で怒りと涙を見せたことがあったそうです。

幼少期に両親の不仲を見て育った佳恵さんは、他の女性以上に「幸せな結婚」「理想的な家族」に対する憧れと強いこだわりを持っていました。

しかしながら、どういうわけか不思議なことに、現実には佳恵さん自身も母親や祖母たちとまったく同じように、「浮気をする男性」「暴力を振るう男性」との「出会いと別れ」「結婚と離婚」を何度も繰り返していました。

浮気をして他に女を作って家から出て行った父親の姿や、夫婦ゲンカで父親に暴力を振るわれる母親の様子を見てきた娘は、「お母さんかわいそう！」「お父さん大嫌い！」と感じて母親の味方になり、父親を敵対視するようになります。

すると、娘と母親との間に心理的〝もつれ〟が発生します。

その結果、娘は母親に対しては同情心を持ち、父親に対しては敵対心や拒絶感を持つようになってしまい、成人した後、健全な恋愛や結婚をすることに困難を経験します。

すなわち、広く男性に対して敵対心や拒絶感、恐怖感、不信感等を感じているために、恋愛できなかったり、どういうわけか自分も母親と同じように浮気や暴力をする酷い男性を選んでは、恋愛と別れ（結婚と離婚）を繰り返してしまうのです。

これは、母親の経験した男女関係のトラウマが、娘の恋愛・結婚運に影響を与えている例です。

幸いにも、佳恵さんはセラピーを通して母親と祖母との〝もつれ〟を解消したことで、三度目の離婚を回避することができました。

セラピー事例❸

父と息子で繰り返すパートナーへの暴力

隆康さんは学生の頃から恋愛で失敗を繰り返しており、40歳を過ぎた現在で3回の離婚を経験しているというクライアントです。

隆康さんの両親も、彼が小学生（11歳）のときに離婚を経験しており、その後は母子家庭で、母親の手一つで育てられました。両親の離婚後は父親に会うことを禁止され、母親からは毎日、父親の悪口を聞かされて育ったそうです。

その結果、当時まだ少年だった隆康さんは「お父さんを殺してやりたいほど憎い！」「お母さんは僕が守るんだ！」と思って暮らすようになりました。

その後、隆康さんが成長して青年、成人となり、自分が恋愛・結婚をする立場になったとき、何が起きたでしょうか？

彼は彼女や妻に対して怒りを爆発させ、ＤＶ（ドメスティック・バイオレンス）を繰り返しました。

子どもから親への愛は真に無条件です。たとえ離婚をしても、子どもが父親を愛する気持ちが消えてなくなることは決してありません。

もちろん母親のことも大好きです。だからこそ、両親の離婚後は母親への愛と忠誠心から、愛する父親を憎み続け、母親の忠告を忠実に守って、本当は大好きな父親と会うことを我慢していました。

しかし、隆康さんはセラピーを通して、次のことに気づきました。

・本当は、自分は父親のことを心から愛していたので、母親から離婚後に父親と会うのを禁止されたことがとても悲しく辛かったこと。

・「愛する母親」が「愛する父親」のことを悪く言うのを聞くたびに、絶望的な深い悲しみと憎悪にも似た怒りを感じていたこと。

一回目のセラピーの後、隆康さんは父親との再会を決心し、父親の居場所を探しましたが、すでに病気で亡くなっていたことが判明しました。

そこで、二回目のセラピーではイメージの中で亡くなった父親に再会して愛を伝え、父親とサヨナラをして父親の死を受け入れることをしました。

セラピー事例❹

お母さんよりも幸せになる勇気がない

浩子さんは、幼少期に母親が父親から暴力を振るわれる姿を見て育ちました。一方、浩子さんの夫はとても紳士的で、優しく、ハンサムな男性です。しかしながら、浩子さんはまったく幸せではなく、夫に不平不満を言ったり、大声で怒鳴りつけたり、ときには暴力を振るうこともあるそうです。浩子さんと夫との結婚生活は破綻しており、最近、夫から離婚話を切り出されました。

「私は幸せになりたいだけなのに、なぜこんなことをしてしまうのか、自分でもわからない」と彼女は不思議に思っています。

これまで彼女が診てもらったセラピストたちは、「彼女の母親に暴力を振るってきた父親との関係が原因である」と指摘したそうです。

確かに、浩子さんの夫に対する暴力は、彼女が子どもの頃、父親が母親に暴力を振るう姿を見て、学習して身につけたものなのかもしれません。

しかし、そこにはさらに深い真実が存在することが明らかになりました。

浩子さんのセラピーでは、母親との関係を扱うことにしました。そして、母親の代理人に向かって、「私はお母さんよりも幸せになる勇気がありません」と言うように伝えました。

すると、浩子さんは下を向いて涙ぐみ、何も言えなくなってしまいました。

しばらくして、浩子さんは下を向いたまま「私には、もったいない夫です」と答えたのです。

子どもの頃に母親が父親から暴力を振るわれる姿を見て育った浩子さんは、

自分が母親よりも幸せになることに抵抗を感じていたのです。

そこで、私は重ねて浩子さんにこう伝えました。

「お母さんに伝えてください。『愛するお母さん、私が勇気を出してお母さんよりも幸せになるとき、どうか笑顔で祝福してください』」

母親の代理人にそのセリフを伝えた後、浩子さんの全身から力が抜けるのがわかりました。

それから約3か月後、浩子さんの夫が離婚話をすることはなくなったそうです。

セラピー事例❺

両親よりも裕福になってはいけない

忠文さんは子どもの頃から、両親がお金のことでとても苦労するのを見て育ちました。

父親は自分に向いていない仕事に就いて早朝から深夜まで働き、それでも家族はギリギリの生活ができる程度でした。忠文さんは子どもながら、その原因が、日本が第二次世界大戦で負けたことにあるのは何となく理解していました。

成人した忠文さんは、自分が平和な日本で暮らしていることや、楽しい出来事や、家族との幸せな時間を経験するたびに、世の中に対する不条理と不公平さを感じていました。「私の両親は自分に責任のないことで、あんなにも苦しい人生を強いられたのに……」。

その後、忠文さんは自分が興した事業で成功し、昔から憧れだった高級外車を購入しようとしたとき、自分の中に、両親に対する〝隠れた忠誠心〟が存在することに気がつきました。

そして、長らく抱えている〝出所不明の罪悪感〟が、「私は大して苦労することもなく事業に成功した」という、自分の想いに原因があることもわかりました。忠文さんの心の中には、「この成功や幸せを受け取るべきは、私ではなく、私の両親だ！」という気持ちがずっとあったのです。

その後、忠文さんはセラピーを受けたことで、「自分が幸せになることや、裕福になるのを我慢したとしても、天国の両親は決して喜ばない。逆に、自分が戦争のない平和な日本で家族と幸せな毎日を過ごしていることや、お金に困らない裕福な生活をしていることを知ったなら、とても喜んでくれるだろう」と気づきました。

「私に残された時間はもうそれほど長くはないと思いますが、これからは自分に与えられた命を精一杯生きて、子どもや孫たちとの幸せな時間を大切にしようと思います」。そう、忠文さんは話してくれました。

これは、ある日本人家族の両親が経験した第二次世界大戦後の苦労と貧困が、後に、その息子が裕福で幸福な生き方を選択するのを妨げる原因となっていたという、集合的無意識のトラウマの事例です。

「息子や娘が自分の両親以上に裕福になったり、幸福な人生を生きることが、いかに困難であるか」を示しています。

この事例において見られる〝隠れた忠誠心〟は、自分の両親に対してだけでなく、祖父・祖母の世代や、一度も会ったことがないような何世代も前の先祖に対しても存在し得ることが確認されています。

セラピー事例❻

妹の人生が示す、中絶された兄への忠誠心

美保さんは、繰り返される落胆の人生と戦い続けています。

「何をやってもうまくいかない人生で、まるで呪いをかけられているようです」と言います。そして、「男性選びで間違う、仕事選びで間違う、間違った投資でお金を損する、間違いと落胆の人生を繰り返している」と感じているそうです。

セラピーを進めるうちに、彼女の母親には、彼女が生まれる前に二度の中絶経験があることが明らかになりました。

私は中絶された二人の兄姉の代理人を美保さんの前に立たせました。

すると、美保さんの身体が一度、大きく揺れた後、激しく震え始めました。

美保さんに、中絶された兄姉の代理人に向かって「お兄さん、お姉さんの運命は、お父さんとお母さんが決めました。私ではなく」と言うよう促しました。

美保さんははじめ、こう言うことに抵抗していました。

美保さんはお父さんとお母さんがしたこと（兄姉の命を奪ったこと）に責任を感じて、自分を罰する人生を繰り返していたのです。

「お父さん、お母さん、私は悪くない。この責任は二人に戻します」

美保さんは目を閉じて、心の中で両親にそう伝えました。

すると、美保さんの身体からスッと力が抜けて、楽になる様子が見てとれました。

加えて、美保さんは兄姉に次のように伝えました。
「私はあなたたちの死、あなたたちの運命を尊重します。私は私の運命を尊重します。私は勇気を出して、お兄さん、お姉さんよりも幸せになります」

中絶で命を奪われた子どもの運命は、残された兄弟ではなく、中絶を決断した父親と母親が負うべき責任です。

また、残された者が罪悪感から不幸な人生を生きることは、亡くなった者の運命に介入し、亡くなった者の運命を尊重できていないことを意味します。
美保さんは、中絶された兄姉たちの運命に対する責任を両親に戻し、自分が贖罪の意識から落胆の人生を生きることは、亡くなった兄姉たちの運命をまったく尊重していない態度なのだと理解し、この問題から解放されました。

家族や先祖の中に不幸な運命を経験した者がいる場合、残された者が幸せな生き方を選択するのはとても勇気のいることです。

なぜならば、不幸な運命を経験した者を愛する気持ちが、残された者の心の中に〝自分だけが幸せになることへの罪悪感〟を作り出すからです。

しかし、たとえ残された者が罪悪感を背負って、幸せになることや成功することを自分自身に禁止したとしても、決して誰かが救われるわけでも、誰かが喜ぶわけでもありません。

もしも、本当に不幸な運命を経験した家族のメンバーや先祖に対する深い愛情があるならば、そこであなたが本当にすべきことは、決して不幸な運命を選択することではなく、不幸な運命を生きなければならなかった者の運命を尊重して、彼・彼女らに深く頭を下げること、そして、「私が勇気を出して幸せな運命を選択するとき、どうか笑顔で祝福してください」と心から伝えることです。

第3章

家系の運命を支配する4つの法則

集合的無意識のトラウマは家族全員に影響を与える

集合的無意識のトラウマは、家系の流れに沿って、親から子へ、そして子から孫へと、先祖が経験したトラウマの悪影響が後世に伝達されるものです。

この現象は、個々の家族だけでなく、家系全体に深刻な影響を及ぼします。

本章では、まず集合的無意識のトラウマがどのようにして生まれるのかを探り、その仕組みがどのようにして家系を通じて次世代へと受け継がれるのかについて詳しく解説します。

さらに、その結果として、家族にどのような問題が引き起こされるのか、具体的な事例を交えながら考察します。

これにより、集合的無意識のトラウマが私たちの人生や家族の歴史にどれほど深く関与しているのか、その全体像を明らかにしていきます。

家系という奇跡のつながりであなたは生まれた

家系とは何でしょうか？

物理的な視点で見ると、家系の構成要素は「家族」です。家族がつながり合うことで、時間を越えて一つの家系が形作られます。

家系には、祖父母とその兄弟姉妹の家族、両親とその兄弟姉妹の家族、さらには自分と兄弟姉妹の家族、そして子や孫、その兄弟姉妹の世代の家族が含まれます。

もっと細かく見ると、家族は夫婦のつながり、親子のつながり、兄弟姉妹のつながりによって構成されています。

あなたは両親から生まれ、両親はそのまた祖父母から生まれ、さらにその祖父母も曾祖父母から生まれたというように、家系は幾世代にもわたって紡がれてきました。たとえば十代遡ると、あなた自身を含めて２０００人以上の膨大な人数が、あなたの家系に関与していることがわかります。それぞれの兄弟姉妹まで含めると、その数はさらに膨れ上がります。

家系図を書くと見えてくるものがある

試しに、実際に家系図を書いてみることをおすすめします。簡単な手書きでも構いません。そうすることで、あなたは自分の家系について多くの発見や気づきを得られるでしょう。

たとえば、家系図に記されたメンバーのたった一人でも欠けていたら、現在の子孫たちはこの世に存在しないという事実に気づくかもしれません。

もしも祖父母や両親の兄弟姉妹の誰かが生まれていなかったら、または、彼らの歩む人生が少しでも異なっていたら、あなたがこの世に存在することはなかったのかもしれないのです。すべての誕生や出会いが、絶妙なタイミングで織りなされた結果として、あなたの祖父母や両親が結ばれ、最終的にあなたが誕生する運命が形作られたのです。

さらに家系を遡って調べてみると、歴史的な出来事があなたの家系にどのように影響を与えてきたのかを垣間見ることができます。

日本の歴史を振り返ると、江戸時代には深刻な飢饉が数回にわたって発生しました。その時期には、多くの人々が命を落としています。冷害や洪水、干ばつなどの自然災害が相次ぎ、作物が育たず、特に農家を中心に大きな被害が及びました。

その結果、数多くの家系が途絶えてしまったのです。

しかし、そうした困難の中でも不思議なことがあります。

たとえば、飢饉の時代、通常であれば弱者であるお年寄りや赤ちゃん、小さな子どもが最初に命を落とすように思いますが、家系図を調べると、必ずしもそうではない場合があります。

読者限定 無料プレゼント

自分でできる家系図の作り方

本書の中で、親から子へ、子から孫へと遺伝する家系のトラウマを発見し、解消するための方法として、「家系図（Genogram）」を用いるやり方について触れました。

そこで、本書を手にとっていただいた読者のみなさんへ、『自分でできる家系図の作り方』を読者限定の無料プレゼントとしてご用意しました。

本書の内容と合わせて活用することで、あなたや家族の問題解決に役立てください。

以下よりダウンロードしてください。

https://www.tanada-katsuhiko.com/jibundedekirukakeizunotsukurikata

母親のほうが先に命を落としているケースも珍しくありません。当時の状況を想像すると、子孫を残すために、母親が自らの食事を削り、子どもや赤ちゃんに食べ物を分け与えたのではないかと考えられます。

その犠牲の結果、その家系は途絶えず、母親の命の犠牲と引き換えに、命が次の世代へとつながっていったのです。

そして、その先にあなたが生きているという事実があります。

そのように考えると、私たちが現在ここに、こうして生きているということは、奇跡以外の何物でもありません。

私たちが今日まで続いてきた理由は、どの時代においても親や先祖たちが命を懸けて家族を守り、愛し続けてきたからです。**その愛と努力の積み重ねの結果として、あなたの家系は途絶えることなく続いてきたのです。**

あなたの人生の質は家系に流れる「ライフフォース」で決まる

家系を物理的に捉えれば、それは家族同士の連続したつながりに過ぎないように思えるかもしれません。しかし、心理学的視点から見ると、家系とは単なる血縁の集合ではなく、命とエネルギーの流れそのものといえます。

この流れには、単に「生命（ライフ）」だけではなく、生きる衝動、愛、行動力、男性性や女性性、父性、母性、好奇心、遊び心など、私たちが生きるうえで必要不可欠なエネルギーが含まれています。

このすべてを包含するエネルギーの流れを、「ライフフォース（生命力）」と呼びます。 家系が持つ最大の役割の一つは、このライフフォースを親から子、子から孫へと受け継ぎ、絶え間なく流し続けることです。

この流れが途絶えない限り、家系は存続し、繁栄を続けます。

あなたもまた両親を通じてこのライフフォースを先祖から受け取り、それを使って人生を歩んでいるのです。

人生の質を決める両親からのライフフォース

ここで重要なのは、あなたの人生の質は、両親から受け取ったライフフォースの質によって決定されるという点です。

両親から受け取るライフフォースの流れがスムーズで豊かであれば、あなたの人生はより良い方向へ進みやすくなります。一方で、もし両親や家族との関係に問題があると感じている場合には、そのライフフォースを受け取ることをためらったり、拒否してしまうかもしれません。

ですが、ライフフォースの流れはあなたが受け取ることを拒否しても、完全に断たれることはありません。

しかし、その代わりに、あなたの両親や家族との関係性は、あなたの人生における他者とのすべてのつながりに影響を与える形で再現されます。**そして、その影響はあ**

なた自身だけでなく、あなたの子どもや孫たちの世代にも引き継がれるのです。

両親と良好なつながりを築けている場合、ライフフォースは途切れることなくあなたの中に流れています。このとき、あなたの人生は幸福や成功、愛や富、健康などが比較的容易に手に入れやすい状態であるでしょう。

一方で、両親とのつながりが不十分であったり、命を受け取ることに拒否感がある場合、ライフフォースが不足します。その結果、生きる気力を失ったり、人生の活力を見出せなかったり、あるいはうつ状態や病気などの形で影響が現れることがあります。

未解決のトラウマがライフフォースを遮断する

ライフフォースが不足すると、仕事や人間関係、健康など、私たちが人生で直面するさまざまな悩みや問題がより深刻になりがちです。家族の中に未解決のトラウマを抱えた人がいると、そのトラウマがライフフォースの流れを妨げ、家系全体が停滞するリスクが高まります。家系が途絶えてしまう危険性も否定できません。

しかし、その逆に、家族や先祖とのつながりが正しく保たれているとき、ライフフォースは自然と家系に沿って流れます。ライフフォースが豊富であれば、大抵の問題はさほど重要ではなくなり、解決の糸口が自然と見つかることが多くなります。

私たち人間が生きる目的は、ある意味で健康で幸福な家族を築き、命を次世代につなぐことといえます。

だからこそ、家族と家系を存続させ、豊かなライフフォースを次世代に引き継ぐためにも、未解決のトラウマを解消することは極めて重要なのです。

未解決のトラウマは「家族的無意識」を介して子孫に遺伝する

未解決のトラウマは、家系内を伝わって先祖から子孫へと受け継がれます。

親や先祖から未解決のトラウマを受け継いだ子孫はライフフォースに問題を抱え、仕事やお金、人間関係、恋愛・結婚、家族、健康等において困難を経験し、最終的には健全な家族を作ったり、子孫を誕生させることができなくなってしまいます。

つまり、家系内を伝わる未解決のトラウマは、ライフフォースの流れを阻害することで、その家系を絶えさせてしまうのです。

では、未解決のトラウマはどのようにして家系内を伝わるのでしょうか？

「運命分析（Fate Analysis）」や「ソンディ・テスト」で知られるハンガリー出身の精神分析医リポット・ソンディ（Leopold Szondi／1893-1986）は、私たち人間の個人的無意識は家系（家族）のメンバーで共有している「家族的無意識

(Familial Unconscious)」とつながっており、親や先祖の経験や感情、未解決のトラウマは、「家族的無意識」を介して子や子孫に遺伝すると考えました。

カール・ユングが、無意識の心には個人だけでなくすべての人間に共通する普遍的な要素があると考え、群衆が共有する「集合的無意識（Collective Unconscious）」という概念を提唱したように、ソンディは同じ家系（家族）に属するメンバーによって共有される、無意識の心の領域があると考え、「家族的無意識」の存在を提唱したのです。**家族の「集合的無意識」＝「家族的無意識」と考えてください。**

祖先の未解決のトラウマが子孫の運命を決める

ソンディによると、親や先祖の経験や感情、未解決のトラウマは、家族的無意識（家族の集合的無意識）を通して親から子へ、子から孫へと遺伝し、それが個人の思考や感情、行動に影響を与えることで、子や子孫の運命を決定します。

研究によって、特定の職業や配偶者を選ぶ際に影響を与えることが知られており、ソンディはこれを「運命の強制」と呼びました。

さらに彼は、家族的無意識を通じて遺伝する、未解決のトラウマによって作られる運命を正しく理解し、それに意識的に対抗することで、私たちは自分や家族の運命を変えることができると考えました。

つまり、親や先祖から受け継いだ未解決のトラウマを理解し、解消することで、自分が理想とする人生を選び取ることができるようになるということです。

私たちの心の中には「個人的意識」と「個人的無意識」、さらに「家族的無意識」がある

私たち一人ひとりの心（意識）は、「個人的意識」と「個人的無意識」という二つの領域に分けることができます。

個人的意識は、日常生活の中で私たちが意識している思考、感情、記憶、知覚を含む心の領域です。この領域は意識的にアクセス可能で、言語化できるものが中心です。たとえば、自分が何を考え、どのように感じているか、あるいは現在取り組んでいる作業や自分の価値観など、自身が明確に自覚している心の内容がここに含まれます。

一方で、フロイトの理論では、この個人的意識の下層に「個人的無意識」が存在するとされています。個人的無意識は、個々人の経験や記憶、感情の中で意識に上らない、または意識から抑圧された内容が含まれる心の領域です。

この領域には、幼少期の体験や欲望、未解決の葛藤、意識が抑圧した不快な感情や

衝動、さらには解決されないまま残されたトラウマなどが蓄積されています。

そして、これらの無意識の内容は意識的に認識されることなく、私たちの現在の行動や反応に深く影響を与えます。

フロイトは、特にこの個人的無意識に抑圧された欲望やトラウマに注目し、精神分析を通じてそれらを明らかにし、治療によって解放することが重要であると提唱しました。

個人を越えた「家族的無意識」が存在する

しかし、私たちの心の無意識の世界をさらに深く探っていくと、個人を越えた領域が見えてきます。**それは、同じ家系（家族）に属するすべてのメンバー間で共有される、超時空間的で先天的な「普遍的無意識」の領域です。これを「家族的無意識」と呼びます。**

先ほど説明したように、「家族的無意識」は、家族の「集合的無意識」と同じものです。

家族的無意識はソンディが提唱した概念で、個人が親や祖先から無意識的に受け継ぐ心の影響の原因となるものです。

この領域には、家族の歴史や親族の生き方、代々伝わる未解決のトラウマなどが含まれ、これらは無意識のうちに個人の選択や人生に大きな影響を及ぼします。

個人的意識や個人的無意識が、その名の通り個人の心の中に存在し、個人の思考や感情、行動・選択に影響を与える一方で、家族的無意識は家族という集合体を強固に結びつけ、そのメンバー全員の運命に無意識的な影響を与えます。

たとえば、家族内の複数のメンバーが、特定の職業や人間関係、恋愛や結婚のパターンに無意識

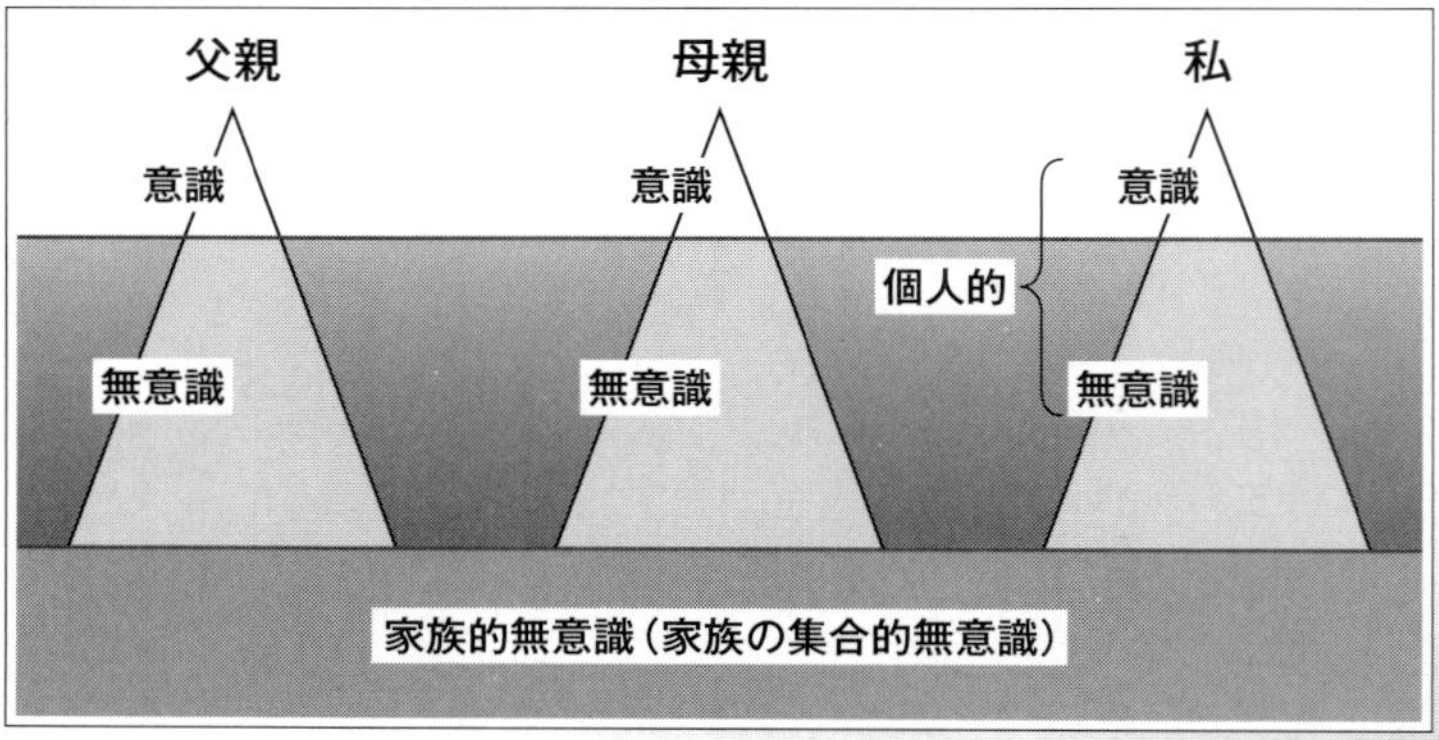

に引き寄せられる現象がありますが、これは家族的無意識の影響によるものと考えられます。

家族的無意識の持つ影響力は、個人的意識や個人的無意識と比較して遥かに強大で、その影響から逃れることは基本的に不可能だとされています。この力が、私たちの人生にどのような形で現れるかを探求することは、心の理解を深めるだけでなく、自分自身や家族の運命を紐解く手がかりにもなるのです。

家系が繁栄するために家族メンバーが従うべき「家族的無意識」

特定の目的を達成するために、各要素が協調的に働き、全体として一貫性を持つ仕組みを「システム」と呼びます。システムは、全体を構成する各要素が法則やルールに則って正しく動き、全体としての秩序が維持されているときに、本来の目的を達成することができます。

家系もまた、一つのシステムです。家系は家族の組み合わせによって成り立っています。そして、家族は夫婦、親子、兄弟姉妹といった組み合わせで構成されます。

このような家系の中の部分的な仕組みを「サブシステム」と呼びます。

さらに、これらの夫婦や親子、兄弟姉妹は、それぞれ家族メンバー一人ひとりの個人から成り立っています。家族の各メンバーがそれぞれの法則に従い、役割を正しく果たすことで、家族全体の秩序が保たれます。

そしてその秩序が保たれているとき、家系の中には「ライフフォース（生命力）」がスムーズに流れ、家系が存続し、繁栄する条件が整います。

「家族的無意識の法則」とは？

ファミリーコンステレーションの創始者であるバート・ヘリンガーとそのグループは、幾度もの観察と実験を通じて、家系が存続し繁栄するために家族メンバーが従うべき「家族的無意識（家族の集合的無意識）の法則」を発見しました。

これは、49ページで「愛の秩序（Orders of Love）」の4つの法則として紹介したのと同じものです。以降、本書では、「家族的無意識の法則」と呼ぶことにします。

「家族的無意識の法則」は、純粋に事実の観察に基づき、現象論的に発見されたものです。すなわち、この法則は注意深い観察を何度も重ねることで、その存在が確認されたものであり、「理想的な家族像」や「親はこうあるべき」「子どもはこうするべき」などのモラルや道徳的観念に基づいたルールではありません。

ここには、「男はこうであるべきだ」「女はこうすべきだ」といった偏った価値観も含まれていません。ただ観察された、純然たる事実に基づいている点が重要です。

「家族的無意識の法則」は、私たち人間の家族システム（家系）において、国籍や人種、文化や宗教の違いを超えて普遍的に存在する法則です。

もしも家族メンバーの中に、この法則に違反する行動や関係性が生じた場合、家族システム（家系）はその秩序を失い、最終的には存続不可能となり、家系が絶えてしまう可能性が高まります。

「家族的無意識の法則」を理解し、その法則に従うことは、家系が未来へ続いていくための鍵であるといえます。

「所属の法則」は全員が家族内に正しく居場所を与えられることを求める

所属の法則 事例❶

三代にわたって不倫の末に未婚出産、精神を病む女性

もう何十年も前のことです。離婚や不倫に対してまだ現在ほどには世間が寛容ではなかった時代に、ある若い独身女性が、家庭を持つ男性と不倫をした末に妊娠し、未婚のまま子どもを出産しました。その女性の家族は世間からこの事実を隠すために、生まれた子どもを母親から離し、親戚の家へ養子に出しました。

その後、無理やり子どもを奪われた女性は精神を病んでしまい、家族や親戚たちから隔離されて施設に収容されました。

以降、不思議な現象が繰り返されました。親戚に養子に出された娘も、さらには孫娘までもが、母親と同様に不倫の末に出産して未婚の母となり、その後、精神に異常をきたして入院することになったのです。

この事例において見られるように、家族システム（家系）に所属するメンバーがその中から不当に排除された場合、残された兄弟姉妹や子孫たちの中から、排除された先祖のメンバーと同様の運命をたどる者が繰り返し現れるという現象が確認されています。

これは、家系の存続・繁栄を願う家族的無意識は、家族のメンバー全員が家族内で正しく居場所を与えられ、所属の権利が保障された状態にあり、完全で統合された形態の家族を目指していることを意味しています。

このことから、次のような家族的意識の「所属の法則」が導き出されます。

【所属の法則】
家族（家系）のメンバーは皆その一員として、家族に所属する権利を等しく、無条件に持っている。

この法則は、「皆が等しく無条件に」という点が重要です。家族的無意識は、家族に所属する権利に関して、メンバー一人ひとりの能力や年齢、性別、行動の善悪等を考慮しません。

「所属の法則」は他の法則よりも優先する

「所属の法則」は、家族的無意識の４つの法則の中でも最も強力で中心的な役割を果たします。

もしも何らかの理由で家族の中に排除された者や無視された者、忘れ去られた者、認知されない者、その死を追悼されない者等が存在する場合には、家族的無意識は兄弟姉妹かその子孫に、排除された人物の身代わりをさせることで家族全体を元の完全な状態に復元しようと試みます。

このプロセスを〝同一化（Identification）〟と呼びます。

家族から排除された先祖に同一化した子孫は、排除された先祖と同じ感情や行動、病気等を追体験し、その先祖と同様の運命を生きることを余儀なくされます。

通常、同一化は、その人物が生まれてから数年以内、遅くとも7歳頃までには起こります。他者に同一化した者は、自分の人生を自由に生きることを許されません。

その場合、排除された者の居場所を家族システム内に取り戻すことで、同一化した人物は〝もつれ〟から解放されます。

先ほどの事例では、不倫の末に未婚の母となった女性から子どもを奪い、その女性を家族や親戚たちから隔離して施設に入れたことは、家族的無意識からすると、「所属の法則」に反する排除の行為であるとみなされたのです。家族のメンバーすべては等しく尊重され、所属の権利を与えられなければなりません。

そのため、子どもを奪われて施設への入所を強制された女性に対して、その女性の子孫である娘や孫娘らが同一化したのです。**先祖に同一化した子孫は、その先祖と同じ感情や行動、病気、運命を繰り返します。**

しかし、同一化した子孫たちは無意識で、その自覚はありません。

こうした家族的無意識のトラウマの働きによって作り出される同じ家族内のメンバー間の無意識レベルの特別なつながりのことを〝もつれ（Entanglement）〟と呼びます。

所属の法則 事例❷

〝同一化〟による〝もつれ〟

ある男性の婚約者が、結婚式を目前に交通事故で亡くなりました。

それから数年後、この男性は別の女性と結婚し、二人の間に長男と長女の二人の子どもを授かりました。

不思議なことに、長女は成長するにつれて父親を敬愛するようになりましたが、どういうわけか母親に対しては常に反抗的な態度をとり、長女と父親との関係とは対照的に、長女と母親との関係は常に問題を抱えていました。

後に、この長女は、男性の現在の妻（長女の母親）とライバル関係にあることが判明しました。つまり、長女は交通事故で亡くなった男性の最初の婚約者に〝同一化〟していたのです。


〝同一化〟による〝もつれ〟は、出所のよくわからない、得体のしれない感情として現れることがあります。

所属の法則 事例❸

"もつれ"が生み出す得体のしれない感情

麗香《れいか》さんは、子どもの頃から死に対する恐怖心を抱いており、自分が事故や災害で死んでしまう夢を繰り返し見ています。目覚めているときでも、自分が大きな怪我や事故で死んでしまうのではないかという恐怖を常に感じて生きています。

麗香さんはセラピーを受けたことで、理由はわからないけれど、自分の中に大叔母（祖母の妹）に引き寄せられる感覚があることに気づきました。

麗香さんの大叔母は、彼女が生まれるずっと以前、大叔母がまだ12歳の学生の頃に、隣家から出火した火事が原因で焼死していました。

麗香さんはこの話を大人になってから知りましたが、セラピーを受けるまでは大叔母の焼死と、自分が抱く得体のしれない死への恐怖を結びつけて考えたことは一度もありませんでした。

麗香さんはセラピーを受けながら、心の中でイメージした大叔母に対して、「私の心の中に大叔母さんの場所を作ります。それはあなたに起こったことであって、私に起こったことではありません」と伝えました。

その後しばらくして、麗香さんが死の恐怖に悩まされることはなくなりました。

最後に、〝同一化〟による〝もつれ〟が起きていないかを調べるためのチェックリストを載せておきます。

チェックリスト

〝同一化〟による〝もつれ〟

1・自分のものではないような、出所のわからない、あるいは得体のしれない「感情（怒り、憎しみ、悲しみ、孤独感、恐怖、不安、罪悪感等）」や「苦痛」「贖罪」等を、誰かの代わりに背負って生きているような感覚はありますか？

2・自分の成育歴からは説明がつかないような、あなたが繰り返している「感情」や「行動」「症状」「選択」等はありますか？

3・あなたの家族や先祖の誰かが、心痛や悲嘆、罪悪感のために人を愛することができなかったり、誰かの死を悲しむことができなかったりしたことはありますか？

4・あなたの家族や先祖の誰かが、悪い行いや病気、障害等のために家族から排除されたり、拒絶されたり、世間に対して秘密の存在にされたりしたことはありますか？

5・あなたの家系（家族）内で、小さい子どもを持つ親の死、子どもの死、流産、死産、中絶、障がい者、精神病者、子どもの養子縁組、殺人、犯罪、自殺等が起きたことはありますか？

6・あなたは自分の家系内で起きたトラウマ的な出来事に心惹かれたり、何か特別なつながりを感じたりすることはありませんか？

7・あなたは自分の家系内に存在した（する）けれども、誰もその人物については語らないような人物と似たような人生を歩んではいませんか？

8・あなたは自分の家系内のある人物が経験したトラウマや運命を、まるで自分のものであるかのように感じて追体験してはいませんか？

「長男は次男よりも優先される」という時間的順序を優先する「ランクの法則」

前項で「所属の法則」について述べた際、「家族的無意識は家族のメンバー全員が家族内で正しく居場所を与えられた状態を目指している」と書きましたが、次に述べる「ランクの法則」は、ある一つの家族に所属する複数メンバーのそれぞれに対して、家族内での正しい居場所を規定することで家族（家系）全体に秩序を与えるものです。

【ランク（序列）の法則】

家族（家系）のすべてのメンバーは、自分が所属する家族内で、この世に生を得て家族の一員となった時間の順番に従って順序づけされる。

「ランクの法則」によると、親は子どもより優先します。兄や姉は弟や妹よりも優先します。

再婚の場合、一人目の配偶者は二人目の配偶者よりもランク的に優先します。

従って、二人目の妻（夫）は自分が二番目であることを受け入れ、一番目の妻（夫）の存在を尊重しなければなりません。もしも二番目の妻（夫）が一番目の妻（夫）に対して、「私のほうがあなたよりも妻（夫）として上だ」といった態度をとるならば、その家族の秩序は失われ、崩壊に向かいます。

また、過去の結婚でその配偶者との間にできた子どもは、現在の配偶者との間にできた子どもよりもランク的に優先します。

時間的な順番を尊重すること

「ランクの法則」に関して、注意点があります。

ランクの違いは、人間としての優劣や価値の有無を意味するものではありません。

また、「ランクの法則」は道徳的価値観や宗教的信条に基づいて、私たち人間が人工的に作り出した思考の産物でもありません。

「ランクの法則」は、この世に誕生して家族の一員となった時間的順番に従って優先順位が決まる、自然界の法則のようなものであって、そこに交渉の余地は存在しません。

これは家族的無意識の４つの法則すべてに言えることですが、「ランクの法則」も、多くの家族や集団を注意深く観察することによって、その存在が確認された純粋に実存的な法則です。

祖先の罪を子孫が贖《あがな》う「ギブアンドテイクの法則」

私たち人間には、他者との間で行われる「与える（ギブ）」「受け取る（テイク）」の行為にともなうバランスの不均衡を解消して、授受のバランスを保とうとする欲求があります。

たとえば、もしあなたがある人からプレゼントを受け取ったとき、今度はあなたがその相手に対して、お返しのプレゼントをしなくてはならないような気持ちになります。

逆に、あなたがある人にプレゼントを与えた場合には、今度はあなたがその相手からお返しを受け取る権利があるような気持ちになります。

このように、私たちは他人から好意を受け取ると相手に好意を返したくなるし、逆に、先に好意を与えた場合には相手から好意を受け取りたくなります。

これは個人レベルの「ギブアンドテイクの法則」です。

「ギブアンドテイクの法則」は、二人の間でやり取りされるものが悪意である場合にも関係します。いわゆる、「目には目を、歯には歯を」の復讐です。

相手から傷つけられたり、酷い扱いをされたりすると、その相手に仕返しをしたくなる衝動に駆られます。個人レベルの「ギブアンドテイクの法則」は、自分が人から傷つけられた場合には、相手を傷つけ返すことでバランスを保とうとします。

個人レベルの「ギブアンドテイクの法則」によって「与える」「受け取る」のやり取りが繰り返されると、そこで交換されるものが愛であっても、敵意であっても、両者のつながりは、より親密で、より強固になり、分かちがたいものになります。

私たち人類の歴史を振り返ると、特定の国家間や民族間、宗教間において、長年にわたって戦争や紛争が繰り返されている事実があります。

こうした報復の連鎖は、個人レベルの「ギブアンドテイクの法則」が二つの集団をネガティブな形で、強力につなげることに貢献した結果だとみなすことができます。

祖先の罪を子孫が代わりに贖う

個人間のやり取りで「与える（ギブ）」「受け取る（テイク）」の不均衡が解消できなかった場合、何が起こるのでしょうか？

家族的無意識の「ギブアンドテイクの法則」は、家族メンバーの一人ひとりに対してではなく、先祖や子孫を含む家系全体に対して作用します。

【ギブアンドテイクの法則】

ある家族のメンバーが他者との間で与えたり、受け取ったりした利害は、もしその本人によってギブアンドテイクの不均衡が回復されない場合、同じ家族に所属する子孫によってバランスを取り戻されなければならない。

事例　ギブアンドテイクの法則

・幼少の頃に養子にもらわれていった弟がいる男性の息子は、事業家としてビジネスで成功を収めた後に、ポケットマネーで親のいない子どもたちのための児童養護施設を建設しています。

・戦後のどさくさに紛れて闇市で財を成したという家族の末裔たちは、まるで贖罪の意識を抱えているかのように、事業で失敗して財を失うという経験を何世代にもわたって繰り返しています。

・実の父親が実の母親を殺害してしまったという家族の子孫にあたる男性たちは、自身の自殺衝動に苦しめられたり、恋愛や結婚における男女関係の失敗を繰り返し経験しています。

こうして、先祖の犯した罪がその本人によって償われない場合には、家族的無意識の働きにより、先祖に代わって子孫が不幸な運命を経験したり、深刻な病気を経験するなどして、罪を償わされているという事例が数多くあります。

ただし、その子孫と先祖との間には面識がないことも多く、その子孫には自分が先祖に代わって罪を償っているという認識はありません。

にもかかわらず、なぜこうした不思議な現象が起きるのか、その詳しい仕組みや本当の理由はまだ明らかにはなっていませんが、どうやらそうした現象が存在することだけは確かであり、複数の分野の異なる心理学者らによって同様の報告がなされています。

自分自身の運命しか背負えないという「運命の法則」

【運命の法則】

誰もが皆、自分の運命を背負うことができる。そして、自分自身の運命しか背負うことはできない。

「運命の法則」が意味するところは、両親や兄弟姉妹、祖父母、その他の親戚や先祖等、同じ家系に所属する家族のメンバーたちがそれぞれ背負っている運命を、互いに尊重することの重要性です。

たとえ血のつながった家族であっても、法則に反して他人の運命に介入しようとする試みは、両者の間に〝もつれ〟を生み出し、双方に苦痛をもたらします。

気をつけなければならないのは、悩みや問題を抱えた人を見ると、容易に「かわいそうだ」「私が助けなければ」と思ってしまう傾向のある人です。

一見すると心優しい良い人であるように感じられますが、実のところ、そうした人物は問題を抱えた人を見ると、無意識に相手を自分より下の立場に置いてしまうことからそう思うのであり、その謙虚さを忘れた尊大な態度が他者の尊厳や能力を奪っていることに無自覚です。

誤解のないように申し上げると、「運命の法則」は「問題を抱えて困難な状況にある人を助けてはいけない」「子どもが親を助けるべきではない」と主張するものではありません。

両親に限らず、問題を抱えて助けを必要としている家族のメンバーに対して、他のメンバーが助けの手を差し伸べるのは至極当然の行為です。

問題なのは、そうする際の家族のメンバーに対する心の在り様です。

たとえば、両親の前では年齢が幾つになろうと私たちは常に子どもであり（ランクの法則）、小さい存在である私たちは、大きい存在である両親に対して敬意を持ち続けることが大切です。

年老いた病気の親を世話する際に、親を自分より下に置いて「かわいそうな人」と思いながら接するのか、それとも、自分に命を与え育ててくれた偉大な存在として敬意を持って接するのか、そこには本質的な違いが存在します。

子どもとして両親を尊敬すること

セラピーの場面で頻繁に現れるのが、夫婦仲の悪い両親の間で育てられた子どもが、どちらか一方のかわいそうな親（通常、母親）の味方につくという状況です。

「お母さん、もう私のことは気にしなくていいから、早くお父さんと離婚して！」といったように、母親が選択した生き方に干渉する子どももいます。

しかしながら、子どもが親をかわいそうに思って親の生き方に介入することは、親の尊厳を奪うだけでなく、よりいっそう親を無力で弱い人間にします。

そうした状況において、「家族的無意識の法則」に違反することなく、家系内のライフフォースの流れを阻害しない在り様とは、次のようなものです。

「愛するお父さん、愛するお母さん、あなたたちは大きい、私は小さい。私は二人を苦しみから救うためにこの世に生まれてきたわけではありません。二人の問題は二人に委ねます。これからの私は、子どもとしてお父さん、お母さんを愛します。そうすることで、二人を自分の親として尊重します」

両親の人生に対して責任を負うことから解放された子どもは大きな安堵に包まれ、自分の人生を自分のために生きることができるようになります。

第4章

「遺伝するトラウマ」を解消する方法

家族的無意識のトラウマはどのように解消すればよいのか？

前章では、家系を存続・繁栄させるために、家族のメンバーが従うべき家族的無意識の４つの法則について述べました。この法則に基づいて家族のメンバーが家族や先祖と正しくつながり、家系内で秩序が保たれるとき、先祖から子孫へとライフフォース（生命力）がスムーズに流れ伝えられます。

すると、家族のメンバーは十分な量のライフフォースで満たされるため、幸福な生き方を選択する力を得たり、困難を乗り越える強さを発揮したりすることができます。

こうして家系はより存続しやすくなり、繁栄へとつながります。

法則に違反してしまった場合にどうするか？

しかし、もし家族のメンバーがこの４つの法則に違反し、家系の秩序を乱した場合には、家族的無意識にトラウマが刻まれ、ライフフォースの流れが途絶えます。

その結果、ライフフォースの不足した家族のメンバーは、仕事やお金、人間関係、家族関係、健康などの分野で深刻な問題を抱えるようになり、健全な家族を持つことが困難となります。このような状態が続けば、最終的にはその家系は途絶えてしまうことになります。

本章では、前章で述べた内容を踏まえ、「家族的無意識の法則」に違反することで家系内にトラウマを作り出さないためにはどのような点に注意すべきかを考察します。

また、万が一、法則に違反してしまった場合に、家系内で生じた家族的無意識のトラウマをどのように解消すればよいのかについても詳しく述べます。

この章を通じて、家系が本来持つ秩序とライフフォースを回復させる道筋を明らかにしていきます。

ライフフォース❶

はじめに両親とのつながりを取り戻す

あなたがどのような悩みや問題を抱えていたとしても、まず最初に取り組むべきは、両親とのつながりを修復することです。

私たち子どもは、両親を通じて家系からのライフフォース（生命力）を受け取ります。その際、自分の両親を唯一の正しい親として受け入れる必要があります。母親は唯一の正しい母親であり、父親は唯一の正しい父親であると認めることが求められます。さらに、母親は父親が選んだ女性であり、父親は母親が選んだ男性であるという事実も含めて、両親の関係性を受け入れることが不可欠です。

どちらか一方の親だけを受け入れて、もう一方を拒否することはできません。

また、親の一部分だけを選んで受け入れるということもできません。

ライフフォースを受け取るためには、両親を自分の理想に合わせて変えようとせず、ありのままの姿を丸ごと受け入れなければなりません。両親の良い部分も悪い部分も、すべてひっくるめて与えられるものを受け取らなければならないのです。

「全部受け取る」か「まったく受け取らない」かの二択しかありません。

親を否定するのは「ランクの法則」違反

もし子どもが自分の親を否定したり、軽蔑したり、許したり、あるいはかわいそうに思ったりするとき、その子どもは自分を親よりも高い位置に置いてしまっています。

これは「ランクの法則」に違反する行為です。本来、ライフフォースは、ランクの高いところ（親）から低いところ（子ども）に向かって流れるエネルギーです。

そのため、自分を親よりも上に置いた子どもは、親から自分に向かってライフフォースが流れて来なくなり、人生のさまざまな側面で困難を抱えることになります。

具体的には、ライフフォース不足に陥った子どもは、仕事や人間関係、家族関係、健康の問題に苦しみ、しかも、親以外の誰からも愛や助けを受け取ることが難しくなります。

その結果、自分を犠牲にして他人の面倒を見なければならない状況や、誰にも頼れず孤独に苦闘しながら生きることを余儀なくされます。

あなたが両親に対して抱いている内面的な態度こそが、あなたと他者や世界との関係性を根本的に形作っています。


ありのままの両親を尊重することができれば、あなたは十分なライフフォースを受け取り、世界と調和しながら生きることが可能になります。両親に「ＹＥＳ」と言える人は、世界に「ＹＥＳ」を言い、自分自身にも「ＹＥＳ」と言うことができます。

一方で、両親を拒否し続けるならば、ライフフォースは滞り、あなたは周囲の世界に不平や不満を抱えながら、絶えず戦いを強いられる人生を歩むことになります。両親に対して「ＮＯ」を訴え続ける人は、世界に対しても自分に対しても「ＮＯ」を言い続けるのです。

ライフフォース❷
両親の前で深く頭を下げる

両親を通じて家系から与えられるライフフォースを受け取るために、母親と父親を自分の唯一の正しい両親として受け入れなければなりません。

そのためのとてもシンプルなエクササイズをお教えします。

それは、自分の生命の源である両親の前で、深く頭を下げることです。

このエクササイズは、実際に両親の前で行う必要はありません。壁に貼った両親の写真に対して行ったり、心の中でイメージした両親に向かって深く頭を下げることでも十分です。**重要なのは、この行為があなたと両親をつなぐ内面的なプロセスであるということです。**

両親に深い尊敬と敬意を示す

両親の前で深く頭を下げるという行為は、非常にシンプルな動作ですが、同時に難しい行為でもあります。なぜなら、自分のエゴを脇に置く必要があるからです。

深く頭を下げるというのは、私たちは対象の前で謙虚になり、尊敬や畏敬、そして深い敬意を表現する行為です。

このエクササイズを行う際、心の中で次の言葉を伝えてみてください。

「あなた（たち）は大きい、私は小さい」

この一言には、両親への感謝と自身の謙虚さが込められています。この瞬間、あなたは自分の中にライフフォースの確かな流れを感じることができるでしょう。

これは、ただの形式的な動作ではありません。両親をありのまま受け入れるという意識的な選択ができると、あなたの内なるエネルギーのバランスが整えられ、家系からのライフフォースをスムーズに受け取る準備ができます。

ライフフォース❸

両親からのライフフォースは、どちらも大切

私たちは、母親からのライフフォースと父親からのライフフォースの融合によって、この地球上に誕生します。これは、私たちが生まれ持った性別に関係なく、女性的なエネルギーと男性的なエネルギーの両方を兼ね備えていることを意味します。

成功や幸福、健康を手に入れ、豊かな人生を実現するためには、これら両方のエネルギー（ライフフォース）が必要不可欠です。

母親から受け取る女性的なライフフォースは、「受け取る」「受け入れる」「共感する」「つながる」「思いやる」「世話をする」「感じる」「ひらめく」など、女性性や母性に関連するエネルギーです。

もし母親を拒否したり、母親とのつながりが絶たれていると、これらのエネルギー

が不足し、人生で人間関係や感情の問題などの困難を経験することになります。

一方、父親から受け取る男性的なライフフォースは、「与える」「挑戦する」「目標を達成する」「目的意識を持つ」「決断する」「行動する」「分析する」「問題を解決する」「自立する」など、男性性や父性に関連するエネルギーです。

もし父親を拒否したり、父親とのつながりが絶たれていると、これらのエネルギーが不足し、人生で仕事や目標達成の困難を経験することになるでしょう。

自分が受け取らないと子孫に伝わらない

女性的なライフフォース（女性性、母性）と男性的なライフフォース（男性性、父性）は、互いに補完的なエネルギーです。性的自認が男性であるか、女性であるか、あるいはノンバイナリーであるかにかかわらず、すべての人間が両方のエネルギーを必要とし、両方を持っています。

たとえば、強さのエネルギーである男性的なライフフォースは、女性的なライフフォースがなければ、人を傷つけるだけの攻撃的なエネルギーになってしまいます。

一方で、優しさのエネルギーである女性的なライフフォースは、男性的なエネルギーを欠いていると、変化や問題解決といったものに対処できない、ただ弱いだけのエネルギーになってしまいます。

両方のエネルギーをバランスよく持つことで、それぞれの良い特性を引き出し、人生のさまざまな局面で調和を保つことができます。

子どもにライフフォースを伝えるには、まず自分が親からのライフフォースを十分に受け取っていることが前提条件です。子どもや子孫に受け継ぎたくない問題がある場合には、まず自分が両親から十分なライフフォースを受け取り、その後に問題解決に取り組まなければなりません。

「私は不幸のままでいいから（犠牲になってもいいから）、子どもにだけは幸せになってほしい」といったアプローチは、決してうまくいかないのです。

あなた自身がまず幸せであることが、次の世代に豊かなライフフォースを伝える鍵となります。両親からのライフフォースをしっかり受け取り、自分自身のエネルギーを整えることで、次の世代に健康で強いライフフォースを引き渡すことが可能になります。

ライフフォース④

親子間で繰り返されるギブアンドテイク

子どもが親から受け取る最大のギフト、それは「生命」です。どんなに親孝行をしても、親から受け取った生命の借りを親に返すことはできません。これは、親子間でのギブアンドテイクの不均衡が、一生をかけても解消されないことを意味します。つまり、子どもは親に対して、永遠に「借り」を負う立場にあります。

しかし、だからといって子どもが親に対し、後ろめたさや罪悪感を抱く必要はまったくありません。子どもとして本当にすべきことは、親から受け取った生命を最大限に活かし、精一杯人生を謳歌することです。

親からもらった生命を無駄に使ったり、軽んじたりしてはいけません。

親に与えられた生命を豊かに生きることで、子どもは親への感謝を形にすることができるのです。

家系の存続を支える力となる

そして、子どもが成人し、自分の家族を持ち、次の世代となる子どもを授かったとき、親との間に存在していたギブアンドテイクの不均衡が解消される瞬間が訪れます。

「お父さん、お母さん、私が二人から受け取った生命を、次の世代へ引き継ぐことができました」。この言葉に象徴されるように、次の世代に生命を受け渡すことで、親子間の不均衡は未来へと受け継がれ、調和が保たれます。

さらに、この親子間のギブアンドテイクの不均衡が、次の世代の生命を誕生させる原動力の一つとなっているとも言えます。親から生命を受け取った子どもが「その生命を無駄にせず次に引き継ぎたい」という思いを抱くことで、家系は存続し、未来へと続いていくからです。

このようにして、生命の流れは絶えることなく紡がれ、家系の存続を支える力となるのです。

ライフフォース⑤

母親とつながって平和や豊かさを受け取る

母親を拒否することとは、母親を通して受け取るべき女性的なライフフォースをすべて拒否していることになります。たとえば、安心感、安全、心地よさ、思いやり、人とのつながり、人を受け入れること、そして人を世話することなどのエネルギーや要素から遠ざかった生き方を強いられることになります。

これは、人生のさまざまな側面に深刻な影響を及ぼします。母親を拒否した場合に起こり得る課題や問題には、次のようなものがあります。

・自分自身を大切にできない
・他者を助けたり、サポートをするのが苦手
・自分の心や身体の健康を気にかけない

・自分の気持ちや身体の感覚に鈍感になる
・セクシャリティに問題を抱えたり、セックスを楽しめない
・肉体的にも感情的にも他者と親密になれない
・地球上に自分の安心できる居場所が見つからない
・安全・安心のリソースであるお金の不足に苦しむ
・感性や直感が鈍る
・芸術作品や音楽に触れても感動しない
・問題解決に必要な創造性が欠ける

これらの問題は一見個別のものに見えますが、すべて女性的なライフフォースの不足に起因しています。

母親を受け入れることは、単に親子関係を修復するだけでなく、自分自身の中に眠る女性的なエネルギーを再び解放し、活用できるようにすることでもあります。**このエネルギーは、心の平和や人間関係の調和、創造性、感受性、そして生活全般の豊かさを育む基盤となるものです。**

欠点を認めつつ存在そのものを認める

母親を拒絶している人は、無意識のうちに「母親のエネルギー」とともに「母性そのもの」や「女性的な力」を拒絶している場合があります。

女性的なライフフォースを取り戻し、それを活用するためには、母親を受け入れることが必要不可欠です。ここでいう「母親を受け入れる」とは、必ずしも過去の出来事を許したり忘れたりすることを意味するわけではありません。

それよりも、母親が自分に与えてくれた命やエネルギーに感謝し、その存在を尊重することを意味します。

母親の欠点や弱さを認めつつも、「母親である存在そのもの」を受け入れることが重要です。

母親とのつながりを修復することで、次のような変化が期待できます。

・自分自身や他者への思いやりが増す
・自分の心や身体に対する意識が高まり、健康に気を使えるようになる
・セクシャリティや親密さに対する抵抗が減り、人間関係が豊かになる
・安全・安心を感じる能力が向上し、自分の居場所を見つけられる
・感性や直感が研ぎ澄まされ、創造性が復活する

母親を受け入れる第一歩は、自分の中にある母親への否定的な感情や抵抗に気づいて認めることです。それがどんな感情であっても、自分の気持ちに気づき、それを否定せずに受け入れることが大切です。

その後、母親の存在が自分の人生にどのような影響を与えたかを静かに見つめ、母親を通じて自分が受け取った命やエネルギーに感謝する気持ちを育むことが有効です。

母親を受け入れるプロセスは簡単ではないかもしれませんが、それによって女性的なライフフォースが再び流れ始め、心と体の両面での癒しが進みます。

ライフフォース❻

父親とつながって力強いエネルギーを受け取る

父親を拒絶することは、父親を通じて受け取るべき男性的なライフフォースをすべて拒絶していることを意味します。その結果、たとえば、冒険心、挑戦する力、目標達成への意志、問題解決の能力、リーダーシップ、自立、忠誠心、理性、論理的思考、分析力などのエネルギーや要素から遠ざかった生き方を強いられることになります。これは、人生のあらゆる側面に影響を与え、困難を引き起こします。

たとえば、父親を拒絶することで生じる問題には、以下のようなものがあります。

・仕事が続かない
・約束を守れない
・物事を最後までやり遂げられない

・新しいことに挑戦できない
・すぐに諦めてしまう
・理性的、分析的な意思決定ができない
・感情的、衝動的に行動してしまう
・情に流されやすい
・無計画で、行き当たりばったりの生活を送る

これらの課題は、いずれも男性的なライフフォースの不足に起因しています。

父親を受け入れることは、男性的な力を自分の中に再び取り戻すことを意味します。この力は、現実の課題を解決し、自立し、人生に挑戦するために不可欠です。

父親を拒絶している人は、無意識のうちに「父親のエネルギー」とともに「父性そのもの」や「男性的な力」を拒絶している場合があります。その結果、自分の中にある男性性を活用できず、それが人生のさまざまな困難の原因となるのです。

男性的なライフフォースを取り戻し、それを活用するためには、父親を受け入れることが必要不可欠です。

ここでいう「父親を受け入れる」とは、過去の出来事をすべて許すという意味ではありません。

それよりも、父親が自分に与えてくれた命や力に感謝し、その存在を尊重するということです。

父親の弱点や欠点を認めながらも、「父親である存在そのもの」を受け入れることが重要です。

父親とつながることで起きる変化

父親とのつながりを修復することで、次のような変化が期待できます。

・挑戦する意欲や目標達成能力が向上する
・問題解決のための冷静で論理的な判断が可能になる
・人生において持続力や集中力が高まる
・リーダーシップを発揮できるようになる

・計画的に生きる能力が向上し、生活に安定感が生まれる

父親を受け入れる第一歩は、自分の中にある父親への否定的な感情や抵抗を意識することです。その感情に気づき、それを否定せずに受け入れることが、プロセスの始まりです。

次に、父親の存在が自分の人生にどのような影響を与えたのかを冷静に見つめ直し、父親を通じて受け取った命や力に感謝する気持ちを育てます。

たとえば、心の中で父親に「ありがとう」と伝えることや、父親のポジティブな側面を探すことが助けになります。

このプロセスは容易ではないかもしれませんが、父親を受け入れることで男性的なライフフォースが再び流れ始め、人生に安定と活力が戻ってきます。

ライフフォース⑦

母親を拒絶するのは「愛着のトラウマ」が原因

両親を拒絶する理由は人それぞれで異なります。しかし、母親との関係に限定するならば、その原因は生後半年から3歳過ぎまでの時期に形成される「愛着トラウマ」にまで遡ることができます。

愛着トラウマは、本質的に分離トラウマであり、乳幼児期において母親とのつながりを強く求めたにもかかわらず、その欲求が満たされなかった場合に生じます。

「愛着のトラウマ」はなぜ起こるのか?

「愛着のトラウマ」が心に刻まれてしまう原因として、たとえば以下のような状況があります。

・出産後間もなく母親が亡くなった
・乳幼児期に母親または新生児の病気や入院等が原因で、母子が離れて暮らさなければならなかった
・母親が産後うつや重度の薬物依存に苦しんでいた
・帝王切開による出産後の身体的・精神的負担
・子ども嫌いの母親
・夫婦不仲や嫁姑問題による母親の心の余裕の欠如
・仕事に没頭する母親（ワーカホリック）……等

こうした状況は、乳幼児が母親から一貫した愛情やつながりを得られないため、深い心の傷となります。特に、乳幼児期に愛着トラウマを経験した者は、同様の苦痛を再体験することへの恐れから、「自分が欲するものを手に入れようとしては諦める」「学校や会社の入退を繰り返す」「異性との関係が長続きしない」といったように、「欲しいものを求める動きと、それから遠ざかる動きとを交互に繰り返す」というパターンを示します。

見捨てられる不安や恐怖から、両親や恋人、配偶者などにしがみつくように依存的な生き方をする者もいます。

さらに、母親からのライフフォースを十分に受け取れなかった人は、他者や子どもに愛情やライフフォースを与えることにも困難を感じます。与えるためには、まず受け取ることが必要だからです。

母親の愛を欲することを恐れる人は、次第に成功や幸福を欲することそのものを恐れ、人生において自らを閉じ込めてしまうことがあります。

愛着トラウマは、幸福や充実感を求める力を封じ込める一方で、再び傷つくことへの恐怖を助長し、その人の人生を深い葛藤に陥れます。

ライフフォース❽

毒親からのライフフォースは断ち切るべきか？

私たちは本来、両親を通じて家系とつながり、自然にライフフォースを受け取ることができます。このライフフォースは、生命力そのものであり、私たちが困難に立ち向かい、人生を切り開いていくための原動力です。

しかし、もしあなたの親がいわゆる毒親で、その言葉や態度によって深く傷ついた経験があるなら、その痛みから逃れるために距離を置きたくなるのも無理はありません。毒親や問題のある家系とつながることで、悪いものまで一緒に受け取ってしまうのではないかという不安は、誰しもが感じるものです。

では、こうした状況において、どのようにしてライフフォースを受け取ることができるのでしょうか？

泥水でも飲んだほうがいい

ここで、こんな状況を想像してみてください。

あなたは広大な砂漠で一人、遭難してしまいました。日中の激しい暑さと夜の厳しい寒さ、何日も続く水や食料の欠乏が、あなたの体力と精神を蝕んでいます。

絶望の中、ようやく遠くに水たまりを見つけました。

期待に胸を膨らませながら近づいてみると、それは澄んだ清水ではなく、濁った泥水でした。泥水を飲めば、腹痛や病気になるリスクがあります。しかし、飲まなければ命を落とすことが確実です。

その状況で、あなたはどうしますか?

死なないためには、たとえ泥水であっても飲むしかありません。泥水を飲むことで一時的に苦しむかもしれませんが、生き延びたうえで病気や痛みの治療に取り組む道を選ぶことができます。命があればこそ、次に進む力が生まれるのです。

親や家系に問題を抱えている場合も、この砂漠での選択と似ています。

私たちが人生を生き抜くためには、たとえ問題があっても、親や家系とつながり、ライフフォースを受け取ることが必要です。**選り好みせず、まずはそのすべてを受け取ることで、あなたの中に眠っている潜在的な力が目覚めます。**

ここで重要なのは、「自分は親や先祖よりも優れている」という考えを手放すことです。私たちがこの世に存在できるのは、両親や先祖から命を受け継いだからに他なりません。親や先祖を「大きな存在」として敬い、子どもとしての自分の立場に身を置くことで、ライフフォースの流れがスムーズになります。

ライフフォースを受け取ることができたら、次のステップに進みます。受け取ったライフフォースの力を使って、自分の中にあるネガティブな要素を癒し、変容させる努力を重ねるのです。

親や家系とのつながりを拒絶するのではなく、それを受け入れ、より良い人生を築いていく道を選んでください。そうすることで、あなた自身が輝くだけでなく、未来の世代に新しい光をもたらす存在となることができます。

ライフフォース⑨

良い親になる自信がない

似たような状況として、自分自身や家族が抱える問題を子どもに受け継がせたくないと感じることがあります。そのために、結婚を避けたり、子どもを作らない選択をする人もいます。

「自分や家系の問題を子どもに受け継がせたくない」という思いは、愛情からくるものかもしれません。しかし、本当にそれだけが解決策なのでしょうか？　ここでは、結婚しないことや子どもを作らないこと以外の選択肢について考えてみます。

受け継がせたくないものとは何か？

まず最初に取り組むべきことは、「子どもに受け継がせたくない」と感じている問題が、具体的に何なのかを明確に認識することです。

それは経済的な問題でしょうか？

健康や遺伝的な病気でしょうか？

あるいは、家系に続く精神的なトラウマや、人間関係における問題でしょうか？

問題を明確にすることで、それを解消するための具体的なステップが見えてきます。

次に重要なのは、あなた自身が両親や家系とのつながりを取り戻し、十分なライフフォースを自分の中に満たすことです。このステップは、あなたが抱える問題に立ち向かうエネルギーを得るために必要です。

たとえ家系に問題があったとしても、それを拒絶するのではなく、受け入れる姿勢を持つことで、ライフフォースが流れ込み、あなた自身を癒し、力づける土台が築かれます。

そして、自分自身をライフフォースで満たしたら、次にその力を使って、自分の中に存在する問題やトラウマの解消に取り組みます。

このプロセスでは、専門家の助けを借りることが有効です。

たとえば、あなたの家系が遺伝するトラウマを抱えているのであれば、それを認識し、「自分の代で解消する」という意志を持つところからのスタートです。

子どもを持つことは、「自分の問題をそのまま受け継がせること」ではなく、「解決したものを未来の世代に贈り、家系に新しい希望を与えること」でもあります。あなたが自分の中の問題と向き合い、それを乗り越えたとき、子どもたちにはその力強さや知恵が受け継がれます。

結婚や子どもを持つことを避けるのではなく、「自分の代でできる限りの癒しと変容を遂げる」という選択肢を選ぶことに大きな意味があります。それがあなた自身だけでなく、家系の未来にとっても明るい道を切り開く一歩になります。

ライフフォース⑩
両親が離婚した子どものライフフォースはどうなる?

子どもが両方の親からのライフフォースを受け取るためには、もう片方の親もそれを喜んでいることを、子ども自身が感じられる必要があります。たとえば、息子が父親からライフフォースを受け取るためには、母親がそれを心から喜んでいると、息子は知る必要があります。

しかし、離婚して子どもを引き取った親は、子どもの中に、別れた元配偶者が持つ性質を発見することがよくあり、そうした場合に問題が起こりがちです。

当然ながら、子どもは元配偶者からもライフフォースを受け継いでいるため、成長するにつれて、その特徴が次第に顕著になってきます。

そして、子どもは本能的に察します。自分の中に存在する父親や母親の性質を、も

う一方の親が嫌っていることを。その結果、子どもは自分自身を肯定的に見ることが難しくなり、こんな感情を抱いてしまうかもしれません。

「僕（私）は、母（父）親から愛されない存在なんだ」

たとえば、こんな場面を想像してください。

「仕事が続かない」「家にお金を入れない」という理由で元夫と離婚した母親が、宿題をしない息子を見て烈火のごとく怒りを爆発させます。

この母親が本当に怒っているのは、宿題をしないことではありません。息子の「責任を果たさない」振る舞いが、元夫の無責任さと重なるからです。母親は無意識のうちに、息子の中に元夫の姿を見出して怒りを感じているのです。

このとき、子どもの心の中で次のような感情が生まれるかもしれません。

「僕の中には母親が嫌っている父親がいる。だから、僕は母親から愛されないんだ」

また、別のケースではどうでしょうか？

父親の暴力が原因で離婚し、母親に引き取られた息子は、こんなふうに感じているかもしれません。

「母親が別れた父親にそっくりな僕を見て、怖がっているのがわかる。なぜなら、母親は父親から酷い暴力を受けていたから」

こうした状況の中で育つと、子どもは父親からのライフフォースを受け取ることができなくなり、自分の半分が否定されているような感覚に囚われます。

子どもの50％は母親でできており、残りの50％は父親でできています。どちらか一方がもう一方を否定してしまうと、子どもは自分の中の50％を拒絶されたように感じてしまいます。

子どもの前で元配偶者の悪口を言わないこと

子どもの幸せを第一に考えるならば、別れた配偶者に対して好意的な態度を示すことができる親が、その子どもを引き取って育てるのが望ましいと言えるでしょう。

一方の親が子どもに許可を与えることで、子どもは残りの50％をもう一方の親から受け取ることができるからです。

子どもの中に存在する（元）配偶者の性質を愛してください。そうすることで、子どもは自分が100％完全な存在であると感じることができ、自己否定せずに生きていけるのです。

別れた元配偶者の悪口を子どもに聞かせるようなことは絶対に避けてください。もし、あなたが子どもの中に存在する元配偶者の要素を否定するならば、子どもはその配偶者からのライフフォースを受け取ることができなくなります。

それは、子どもが将来、成功や幸福、健康を選び取る能力を大きく損なう結果を招きます。

子どもの中に見られる元配偶者の姿を肯定し、愛すること。

それが、子どもを100％完全な存在として育てるための要です。

ライフフォース⑪
大人の男、大人の女になる方法

人間は誰しも生まれて最初につながる相手が母親です。乳幼児期、母親は子どもにかかりっきりで世話をし、この時期に子どもは母親からライフフォースを受け取ります。母親の愛情や保護は、生命の根幹となる重要な力を子どもに与え、子どもが成長するための土台を築きます。

そして3歳を過ぎる頃、子どもは次に父親ともつながり、父親からもライフフォースを受け取ることで、心と体の成長をさらに促されます。

男性の一生において、最初の女性は母親です。

幼少期、母親の愛情の中で育まれた少年は、次第に母親の影響を離れ、父親の元へと移行します。このとき、少年は父親から男性的なライフフォースを受け取り、自らを男性として確立していきます。

父親から男性らしさや責任感を学び、ライフフォースを受け取った少年は、やがて大人の男性へと成長し、大人の女性を幸せにする力を手に入れます。

一方、女性の一生において、最初の男性は父親です。

幼少期、父親の愛情を通じて男性的な影響を受けた少女は、成長する中で父親の元を離れ、再び母親の影響下に戻ります。母親から女性的なライフフォースを受け取ることで、少女は女性としての自信や魅力を形成し、大人の女性として成長します。

その結果、彼女は大人の男性と深く結びつき、互いに幸せを育むことができるようになります。

ママズボーイとパパズガール

男女の違いを超えて、「大人の男女」が出会って結婚したとき、理想的な夫婦関係が築かれます。それは、互いが互いを幸せにする能力を持つ、成熟したパートナー同士のつながりです。

しかし、もし息子が父親の影響下に入ることなく、母親の元にとどまり続けたら、何が起こるのでしょうか？　この場合、息子は母親の影響から離れるタイミングを逃し、いわゆる「ママズボーイ」と呼ばれる状態になります。

母親との結びつきが強すぎる息子は、自分自身を男性として確立する機会を失い、大人の男性として必要な独立心や責任感を育むのが難しくなるのです。

ママズボーイの特徴

・父親よりも母親のことが好きで、父親よりも母親と近い距離にいる
・父親を軽蔑し、下に見ている
・「母親にとって、僕のほうが父親よりももっとよい夫（恋人）になれる」と思っている

・女性全般を軽蔑している（下に見ている）
・パートナーの女性を悪く言う（「僕のママに比べたら……」）
・繊細でか弱く、「強いリーダー」「一家の大黒柱」にはなれない。または、過剰にパワフルで、支配的態度を取る
・たくさんのガールフレンドがいる。または、女性恐怖症（女性が苦手）
・ある意味において過剰に男性的で、男尊女卑の価値観を持つ。または、不安が強く、母親から離れられない子どものようである。または、「遊び人」
・自分のパートナー（妻、恋人）よりも女子力が高く、女性的役割を果たす
・子どもに対して厳し過ぎる。または、子どもを持つ責任を避ける
・自分の男性としての役割（ジェンダー）に混乱が見られる
・安定した男女関係を持つことが難しい
・父親からの男性的エネルギーを十分に受け取っていないため、ライフフォースが不足している。うつっぽく、活力がない
・拒絶している父親に（悪い部分が）似てくる

もし、娘が母親の影響下に入ることなく、父親の元にとどまり続けた場合、何が起きるでしょうか？　そのような娘は自分自身を女性として確立するために必要なステップを踏むことができなくなります。

この場合、娘は「パパズガール」と呼ばれる状態に陥ります。つまり、父親との関係が過度に近く、親密であるがゆえに、母親とのつながりを形成する機会を失った状態です。

父親から多大な愛情や庇護を受けることで、娘は安心感を得る一方、女性としての自立性や内面的な成長を十分に育むことができなくなります。

パパズガールの特徴

- 母親よりも父親のことが好きで、母親よりも父親と近い距離にいる
- 母親を軽蔑し、下に見ている

・「父親にとって、私のほうが母親よりももっとよい妻（恋人）になれる」と思っている
・男性全般を軽蔑している（下に見ている）
・パートナーの男性を悪く言う（「私のパパに比べたら……」）
・強く、自立し、活動的で、「か弱い女性」になれない
・女性の友人よりも、男友達が多い（サバサバしていると言われる）
・ある意味において過剰に女性的で、男女に関して古風な価値観を持つ。または、不安が強く、父親から離れられない子どものようである。または、「遊び人」
・自分のパートナー（夫、恋人）よりも優秀で強く、男性的役割を果たす
・子どもがいないか、または、子どもに対して母性的関わりをしない
・自分の女性としての役割（ジェンダー）に混乱が見られる。体重の増減が激しい、または、女性的な体型を隠す服装をする
・安定した男女関係を持つことが難しい

・母親からの女性的エネルギーを十分に受け取っていないため、ライフフォースが不足している。うつっぽく、活力がない
・拒絶している母親に（悪い部分が）似てくる

父親の影響下にとどまり続けて成長した女性（パパズガール）は、母親の影響下にとどまり続けて成長した男性（ママズボーイ）と結婚し、二人でトラブルを繰り返す傾向があります。こうしたカップルでは、お互いが抱える未解決の問題が関係に投影され、繰り返し衝突が起きることが珍しくないのです。

一般的に、もしあなたがパートナーの中に何らかの問題を発見した場合、その異性を自分のパートナーとして選んだあなた自身にも、同等かそれ以上の問題があると考えるべきです。これは心理学的に、私たちは自分の内面の課題や欠けている部分を、無意識にパートナーを通じて見出す傾向があるからです。

つまり、パートナーがあなたにとっての「鏡」となり、あなたの未解決の問題や課題を反映している可能性が高いのです。

関係を改善するためには親との関係を正すこと

パートナーとの関係を改善するための第一歩は、それぞれが自分自身を「正しい親の影響下」に置くことです。「正しい親」とは、生物学的な父親または母親であり、ライフフォースの源となる存在を指します。

女性の場合、母親から女性的なライフフォースを受け取り直すことで、自分自身の女性性を再構築し、独立した大人の女性として成長する道が開けます。

男性の場合、父親から男性的なライフフォースを受け取り直すことで、自立した責任ある男性としての力を取り戻すことができます。

このプロセスを進めるためには、忍耐が不可欠です。

自分を正しい親の影響下に置くことは、過去に取り残した課題に向き合うことを意味します。それは時に苦しく、痛みを伴う作業ですが、自分自身を癒し、成長させるために避けては通れない道です。

所属の法則❶

家系に属する全員がその存在を尊重される

「所属の法則」とは、家族システム（家系）において、すべてのメンバーがそのシステムに属する権利を等しく無条件に持っている、というルールです。

どんなに問題を起こした人であっても、またどんなに早く亡くなった人であっても、その存在が正当に認められなければなりません。家系に属するすべての人々が、その存在自体を尊重されるべきなのです。

しかし、もし家系の中で誰かが排除されたり、その存在が認められなかったりしたら、何が起こるでしょうか？　このような場合、排除された人物や認められなかった人物の運命や苦しみを、残された家系のメンバーが無意識に引き受けることになります。**この現象を、〝同一化〟による〝もつれ〟と呼びます。**

同一化による〝もつれ〟を解消するには？

〝同一化〟は、その人物が生まれてから数年以内、遅くとも7歳頃までに発生することが多いとされています。

〝同一化〟が起きると、排除された人物の苦しみが後の世代に受け継がれ、その人物が体験した苦しみと似た出来事や感情が、何も知らないはずの子孫の中で再現されます。

〝同一化〟による〝もつれ〟を解消するには、隠された事実を明るみに出し、家族システムに属しながらも存在を無視されている人物や忘れ去られた人物を正しく認識します。

たとえば、「あなたは私たちの家族の一員です」と心の中で伝えたり、その人物が家系に属していた事実を受け入れることが、癒しの第一歩となります。

このプロセスを通じて家系全体のつながりが回復し、秩序が整えられることで、家族メンバーが抱えるトラウマや葛藤が解消されていきます。

所属の法則❷

「家族」に誰を含めるか?

家族的無意識の「所属の法則」は、家族システム(家系)の秩序を保つ上で、家族に属するべき人々を正しく認識することの重要性を説いています。この法則に基づき、誰を家族に含めるべきかについては、次のようなルールがあります。

家族システムに含めるべき人々

1・血縁関係にある人

・両親、祖父母、兄弟姉妹、叔父叔母などの血縁上の親族。

・流産、死産、中絶した子ども。戸籍上存在しなくても、これらの子どもたちは家族システムに影響を与える重要な存在です。また、早逝した子どもも含まれます。

2・過去の重要なパートナー

・現在の家族には属していないものの、影響を残している元配偶者、元恋人、元婚約者など。

・特に、子どもをもうけた場合や長期間にわたるパートナーシップ関係があった場合は、家族システム内でのつながりが強く残ります。

3・家族に影響を与えた他者

・養子や里子など、血縁ではないが家族として育てられた人々。

・大きな事件や出来事に関与した他者（例：借金をした人、犯罪被害者や加害者、戦争を通じて家族に関わった敵国や味方国の兵士や家族など）。

4・忘れられたり排除された人

・スキャンダル、罪、病気、障害、ＬＧＢＴＱの理由などで家族から無視されたり、秘密扱いをされた人物。
・たとえば、戦争で亡くなった人や不正な形で家族から離れた人。

家族システム（家系）において、これらの人物が排除されたり、忘れられたりすることは、家族的無意識の「所属の法則」に違反しています。そうすると、排除された人物が経験した苦痛や感情、運命が、次世代以降の子や子孫によって無意識に追体験されます。

この現象を〝同一化〟による〝もつれ〟と呼ぶことは、すでに述べました。

家族の集合的無意識は、家系の存続や消滅、家族メンバーの運命や生死に関わる出来事や人物を重要視します。この無意識のレベルでは、すべての出来事やすべての人物が記録され、家系全体の秩序が保たれるよう働きかけています。

家族的無意識が求めるのは、誰も排除せず、すべての存在が正しい居場所を与えられることです。ここで重要なのは、「誰を家族に含めるか、含めないか」「家族メンバーは正確に何人か」といった形式的なことではありません。「何も排除しない」「すべての出来事、すべての者に正しい居場所を与える」という心の態度や在り方が大切なのです。

家族システムの中で忘れられたり、排除されたりした人物に対して敬意を払い、その存在を受け入れることで、家系全体の調和と安定がもたらされます。

所属の法則③

子どもの死と「所属の法則」

すべての兄弟姉妹が家族内で正しい居場所を与えられていない場合、それは家族的無意識の「所属の法則」と「ランクの法則」に違反している状態です。

特に、流産や死産、中絶によって失われた幼い命が両親によって十分に嘆き悲しまれない場合、亡くなった子どもの魂は正しい居場所を与えられず、行き場を失って迷子になります。同じことは、早すぎる死を迎えた子どもにも起こります。

こうした状況を引き起こすのは、両親の心の痛みが非常に大きく、その痛みから逃れるために、亡くなった子どもの死に直面することを避けてしまうケースです。

両親がその死を十分に嘆き悲しむことができないと、その子どもの存在が家族システム内で曖昧なものとなり、家系の中での正しい位置が与えられません。

また、子どもの妊娠が父親に告げられなかった場合や、養子に出された子どもが本当の両親や兄弟姉妹の存在を知らされない場合も、同様の問題が生じます。

兄弟姉妹の代わりになろうとする者が現れる

家族システム内で正しい居場所を与えられない子どもの魂は迷子になり、家族全体に無意識の影響を与え続けます。その影響は、残された兄弟姉妹の中に、顕著に現れます。

家族内に居場所を持てない迷子の魂があると、残された兄弟姉妹はその子どもの魂を家族内に取り戻そうとして、無意識のうちに精神的な動きを見せます。これが〝もつれ〟と呼ばれる現象です。

兄弟姉妹の一人が亡くなった子どもの苦しみや運命を無意識に背負おうとすることがあり、たとえば亡くなった子どもの代わりの人生を生きようとする者や、不幸や罪悪感を感じて自分を罰しようとする者が現れる場合があります。

この〝もつれ〟は、残された兄弟姉妹に不安定な心理状態や繰り返される葛藤を引き起こし、場合によっては家族全体にさらなる影響を及ぼします。

しかし、この〝もつれ〟は同時に、家族システムを修復するための無意識的な試みとも言えます。迷子になった子どもの魂が正しい居場所を得たとき、〝もつれ〟た兄弟姉妹はその役割から解放され、安心して自分自身を生きられるようになります。

迷子になった子どもの魂を家族システム内に取り戻すためには、その存在を認め、正しい居場所を与えることが必要です。心の中で「あなたは家族の一員です」と語りかけることで、亡くなった子どもに敬意を払い、家系の一部として迎え入れることができます。

亡くなった子どもの順番や位置を尊重する

また、亡くなった子どもの順番や位置を明確にすることも重要です。たとえば、流産や死産によって長男や長女が亡くなっている場合、それ以降に生まれた兄弟姉妹にその役割を背負わせるのではなく、亡くなった子どもを長男や長女として認識し、その存在を尊重します。

さらに、両親が亡くなった子どもの死を受け入れ、十分に嘆き悲しむことも、家族システムを癒すための重要な一歩となります。悲しみを避けるのではなく、亡くなった子どもの存在に向き合い、その命に敬意を示すことで、家族全体のつながりが回復します。

迷子になった子どもの魂に居場所を与えることは、家族全体の癒しにつながります。**家族システムの中で排除された存在が再び統合されると、家族内のバランスが整い、家族的無意識の「所属の法則」と「ランクの法則」が回復します。**

その結果、兄弟姉妹たちは〝もつれ〟から解放され、自分自身の人生を自由に生きられるようになります。

所属の法則④

子どもの死が残された家族に与える影響

母親の妊娠中や乳幼児期に小さな命が失われると、残された兄弟姉妹の間で喧嘩や小競り合いが繰り返されることがあります。こうした争いは、家族内で正しい居場所が与えられていない兄弟姉妹が無意識に感じる違和感や不安定さに起因します。

たとえば、長男が流産や死産、中絶で亡くなった場合、本来次男であるはずの男の子が法律上は長男として扱われます。その子は、次男としての自由な立場を持たないまま、長男としての役割を求められます。

すると、家業を継ぐなど「長男」としての義務を果たそうとする中で過度のプレッシャーを感じ、自分は「長男」としての役割を十分に果たせない、あるいは役割を拒否したいという葛藤に悩むことになります。

亡くなった子どもを家族システムに回復させる

次男を長男として扱うことは、家族内から本当の長男を排除する行為となります。これは、家族的無意識の「所属の法則」と「ランクの法則」に違反しています。さらに、次男という下位ランクの兄弟が長男という上位ランクの人生を代わりに生きようとすることは、家族的無意識の「運命の法則」にも反する行為です。

次男が亡くなった長男の代わりに家業を継ぐこと自体が問題ではありません。**問題の本質は、亡くなった長男を含めて家族内のすべての兄弟姉妹に正しい居場所が与えられていないことにあります。**

残された次男や他の兄弟姉妹は、この秩序の乱れを無意識に感じ取り、自分たちの居場所に違和感を抱くようになります。その結果、兄弟姉妹間の喧嘩や衝突が増え、家族内の関係性が複雑化してしまいます。

これが、家族内で繰り返される葛藤や不安定さの原因の一つなのです。

家族システムを整えるためには、亡くなった兄弟姉妹の存在を認識し、正しい居場所を与えます。

両親が亡くなった子どもの存在に向き合い、その存在を受け入れることで、家族全体の秩序が回復します。たとえば、心の中で「あなたは私たちの長男です」と語りかけることや、その子どもが家族の一員であることを認めることが大切です。

こうした行動を通じて、亡くなった子どもに敬意を払い、彼らの居場所を家族システム内に回復させることで、残された兄弟姉妹が自分自身の役割を安心して受け入れることができるようになります。

最も大切なのは、「何も排除しない」という心の態度を持つことです。

亡くなった兄弟姉妹がどのような経緯で命を失ったとしても、その存在を家族の一員として認め、敬意を払うことが、家族システムの秩序を取り戻す鍵となります。

正しい居場所が与えられることで、家族内のつながりが修復され、兄弟姉妹全員が安心して自分自身を生きることができるようになるのです。

所属の法則5

亡くなった子どもが家族に与える影響

流産、死産、中絶、乳幼児期の病死や事故死など、家族の中で子どもが早すぎる死を迎えることは、家族全体に深い悲しみをもたらします。

両親や他の兄弟姉妹たちは、その心の痛みに耐えきれず、亡くなった子どもの死に向き合えないことが多くあります。

このような場合、家族内や夫婦同士で亡くなった子どもの話をすることが次第にタブー視され、その存在が軽視されるかのように扱われてしまうことがあります。

その結果、本来は亡くなった子どもに与えられるべき家族内での居場所が閉ざされ、その魂は行き場を失い迷子になってしまいます。

悲しみのあまり感情に蓋をする両親

子どもの早すぎる死は、家族に大きく二つの影響をもたらします。

まず一つは、子どもを亡くした両親への影響です。

父親も母親も、子どもの死に対して深い悲しみを抱えています。しかし、その辛さから心を守るために、両親は感情に蓋をしてしまうことがあります。

感情を閉じ込めてしまった親は、自分自身の心とつながれなくなるだけでなく、夫婦間の心の絆を保つことも難しくなります。加えて、父親と母親のどちらかが相手を批判したり、非難したりする場合には、責められた親が深い罪悪感を抱え、その罪悪感が夫婦間にさらに大きな溝を生じさせることがあります。

こうして、亡くなった子どもの存在に向き合う者が家族内からいなくなり、家族システムの中で亡くなった子どもが排除される形となって、家族的無意識における「所属の法則」が破られます。

兄弟姉妹は「生存者の罪悪感」を抱えやすい

二つ目は、残された兄弟姉妹や、これから生まれてくる子どもたちへの影響です。亡くなった子どもの居場所を無意識に回復しようとする動きが、残された兄弟姉妹の中で生じることがあります。特に、亡くなった子どものすぐ上やすぐ下の兄弟姉妹は、「兄弟姉妹が亡くなったのに、自分は生き残っている」という罪悪感を抱えやすい傾向があります。

この罪悪感は「生存者の罪悪感（Survivor's Guilt）」と呼ばれ、罪悪感を軽減するために、不幸な人生を選んだり、深刻な病気や怪我を繰り返すようになる場合があります。

これらの行動の背景には、「自分が不幸になることで、亡くなった兄弟姉妹の苦しみを償おう」という無意識の試みが隠されています。

亡くなった兄弟姉妹に対する罪悪感を癒すためには、亡くなった子どもに、家族の中での正しい居場所を与えることが必要です。

たとえば、小さな観葉植物や写真など、亡くなった子どもを象徴する物を家の中に置くことで、家族の中で亡くなった子どもに敬意を払い、その存在を認めることが可能になります。

こうした行動は家族システム全体に癒しをもたらし、兄弟姉妹や両親が安心してそれぞれの役割を果たせる状態を作り出します。

家族が亡くなった子どもに正しい居場所を与えたとき、家族システムに失われていたつながりが回復します。**兄弟姉妹たちは、生存者の罪悪感から解放されるだけでなく、亡くなった兄弟姉妹の存在を通じて内面的な強さや支えを得ることができます。**

このつながりは、家族全体の絆を深めるだけでなく、亡くなった子どもの存在そのものが家族にとって大切な力となることを示しています。

所属の法則❻

中絶による家族の排除

集合的無意識は、流産や死産、病気や事故による子どもの早期死亡と、中絶による子どもの死を明確に区別しています。

前者は、私たちの能力や努力を超えた運命の働きによって起きるものであり、誰の責任でもありません。このような死に責任を感じたり、それを背負おうとすることは、家族的無意識の「運命の法則」に反し、家族システム内で〝もつれ〟を生じさせます。

一方、中絶は明らかに人為的意図によるものです。誰かの意志によって子どもの命が奪われたという事実を、家族的無意識は見逃しません。中絶によって失われた子どもの命は、「運命」によってではなく、他人の意志によって奪われたものとして扱われます。

集合的無意識は中絶の正当化を受け入れない

セラピーの現場では、中絶を経験した男女の多くが、自分たちの決断やその結果に真正面から向き合わず、「あの中絶は必要だった」「他に選択肢はなかった」と自らの行動を正当化しようとする傾向があります。

しかし、クライアントの内面や家族の集合的無意識は、このような正当化を受け入れていません。特に女性の場合は子どもを中絶する際、自分の魂の一部を切り離し、心と身体の感覚を麻痺させなければならないことがあります。そうすることで、子どもの命を奪う決断の重さや心の痛みに耐えようとするのです。

たとえ避けがたい理由、たとえば近親相姦やレイプなどで中絶を選ばざるを得なかった場合でも、中絶は母親の魂に深い傷を残します。この傷は感情的な痛みを超え、女性の自己イメージや人生全体に影響を及ぼします。

中絶を経験した女性は、しばしば罪悪感から自分が幸せになる権利を放棄し、自らを罰する運命を選択することがあります。

たとえば、婚姻関係にある中で中絶を選んだ場合、夫婦関係が悪化し、離婚に至るケースが多く見られます。

また、未婚女性が複数回中絶を繰り返した場合、男性との間に親密な関係を築く能力が損なわれることがあります。

さらに、乳がんや子宮筋腫といった病気を発症する女性の中に、中絶経験者が比較的高い割合で含まれているというデータもあります。

これは偶然とは言えないかもしれません。

もちろん、中絶は女性だけの問題ではありません。

セラピーにおいて男性が中絶に関する悩みを語ることは稀ですが、男性もまた罪悪感を抱えます。**そして、女性と同様に、男性も罪悪感のバランスを取るために幸福や成功を無意識のうちに遠ざける人生を選ぶ傾向があります。**

たとえ中絶の事実を知らされていない場合でも、父親の魂には影響が及び、男性の家族の集合的無意識にもその痕跡が残ります。

中絶の問題を扱う際、セラピストはクライアントを善悪やモラルの価値観で裁いてはなりません。加害者を糾弾したり、被害者に同情したりすることは、クライアントの癒しには何の助けにもならないどころか、むしろ有害です。

セラピストの役割は、傷ついた家族システムの家族的無意識を修復し、家系の秩序を取り戻すことに集中することです。

そのためには、クライアントが中絶という出来事に真正面から向き合い、亡くなった子どもの存在を認めるプロセスを丁寧にサポートする必要があります。

中絶によって失われた子どもの存在を家族システムに回復させるには、クライアントがその子どもに敬意を払い、心の中でつながりを持つことが重要です。たとえば、中絶した子どもに「あなたの存在を認めます」「あなたは私たちの家族の一員です」と心の中で伝えることが癒しになります。

このプロセスを通じて、家族的無意識の〝もつれ〟が解消され、家族システムに平和がもたらされます。

病気は傷ついた家族システムからのメッセージ

「病気は100%あなたの味方であり、心身からの大切なメッセージである」という考え方がありますが、そのメッセージとは、「家族システム（家系）から排除された人物に目を向けなさい」というものです。

病気や健康上の課題、大きな事故や怪我など、生命にかかわる問題が繰り返し起きる場合、それは偶然ではなく、家族的無意識からの重要なメッセージと捉えることができます。深刻な〝もつれ〟が家族システム内で起きている可能性があります。

病気とは、傷ついた家族システムを修復し、統合しようとする家族的無意識の試みだと考えられます。**家族システムの中で排除された人物が無視され続けていると、その存在を知らせるために、身体や健康の問題としてメッセージが現れるのです。**

病気を単なる敵とみなして排除しようとするのは、家族システムから都合の悪い人物を排除する行為と本質的に同じです。

その結果、〝もつれ〟がさらに深刻化し、症状が悪化したり、他の形で再び現れたりする可能性があります。

排除された人物の居場所を回復する

病気は、家族システムのバランスが崩れたときに、その不均衡を知らせるための役割を果たします。これは、家族的無意識が家系全体の秩序を回復しようとする働きです。

排除された人物に正しい居場所を与えることで、家族システムは修復され、病気の存在意義が失われます。

たとえば、家族内で忘れられた存在や不当に排除された人物がいる場合、その人物が経験した痛みや苦しみが、病気や怪我を通じて後世のメンバーに現れることがあります。病気はその苦しみの象徴であり、家族システムが統合されることを求める無意識の声の現れなのです。

自分の中に病気の「居場所」を作ることは、病気を単なる敵として拒絶するのではなく、その存在を受け入れることを意味します。

これは、家族システムの中で排除された人物の居場所を取り戻すことと同じです。たとえば、心の中で病気に対して「あなたが何を伝えようとしているのか理解したい」という態度を持つことは、そのメッセージを聞き取り、排除された家族メンバーに目を向ける第一歩になります。

病気が持つメッセージに向き合い、排除された家族メンバーを認識してその居場所を回復させると、家族システムが修復されます。その結果、病気が果たしていた役割は不要となり、症状が軽減または消失する可能性があります。

病気がただの「敵」ではなく、家族的無意識の声であると理解することで、その根本的な解決へとつながります。

重要なのは、病気を完全に否定するのではなく、そのメッセージを受け取り、家族システム全体に目を向ける姿勢です。このアプローチにより、身体と心の癒しだけでなく、家族全体に調和と統合がもたらされます。

所属の法則❽

「私もあなたの後に続きます……」

病気や事故、犯罪、自殺、流産、死産、中絶など、家族メンバーの誰かが突然、早すぎる死を迎えると、残された者の中に「私もあなたの後に続きます……」という死への衝動が芽生えることがあります。この衝動は、愛する人を失った深い悲しみと絶望感、そしてその人のそばにいたいという強い愛情から生じます。

死への衝動を抱える人には、日常生活の中で特定の行動パターンが現れることがあります。たとえば、大きな事故や怪我を繰り返したり、深刻な病気や自殺衝動に苦しんだりします。

また、鳶職、レーサー、スタントマン、冒険家といった生命を危険にさらす職業や活動に惹かれたり、スカイダイビングやバンジージャンプなどリスクを伴うレジャーを好む傾向が見られることもあります。

これらの行動の背景には、失った愛する人に再び会いたいという無意識の願望と、「この世での残りの人生を独りで生きていかなければならない」という孤独感や絶望感が隠されています。

亡くなった人はあなたの幸せを望んでいる

死への衝動の背後には、「愛する人のそばにいたい」という深い愛情と、「愛する人を失った寂しさや孤独に耐えられない」という絶望感が複雑に絡み合っています。

この衝動は、一見すると愛情表現の一つのように感じられるかもしれません。

しかし、自らの命を絶つことで愛する人の後を追ったとしても、そこに喜びや平安がもたらされることはありません。それどころか、家族システム全体にさらなる悲しみと苦しみをもたらすだけです。

もしも愛する人を失い、深い悲しみの中で死への衝動を感じているなら、立ち止まって考えてみてください。亡くなった人は、決して「自分の後を追ってほしい」とは願っていないはずです。

亡くなった人が本当に望んでいるのは、あなたがこの世で幸せに生きることです。自分が幸せになることで、その愛する人の思いに応えることができます。それが、亡くなった人への最善の敬意と愛の形です。

また、死を選ぶことで自分の苦しみが終わったとしても、悲しみは次の世代や家族に引き継がれるだけです。その連鎖を断ち切るためには、「生きていくことで家族の痛みを癒す役割を果たす」という選択が必要です。

自分自身に幸せになることを許す

亡くなった人とのつながりを新たな形で築くことは、心の癒しの助けとなります。愛する人が亡くなっても、その人とのつながりが完全に失われるわけではありません。心の中でその人に語りかけたり、彼らの思い出を大切にしたりすることで、見えない形での絆を育むことができます。

自分の幸せを再発見することも重要です。

自分自身に幸せになることを許し、自分の人生を前向きに生きることは、亡くなった人への感謝と愛を表現することにつながります。日々の中で小さな喜びを見つけることから始めてみてください。

深い悲しみを抱えている場合は、専門的なサポートを受けることも考えてください。セラピストやカウンセラーの助けを借りることで、自分一人では抱えきれない感情に向き合うヒントが得られます。

本当に愛する人を大切に思うのであれば、死を選ぶのではなく、自分の人生を幸せに生きることが最善の選択です。それは、亡くなった人が心から望んでいることであり、あなた自身が新しい可能性を切り開く鍵でもあります。

人生を歩む中で、亡くなった人の存在があなたの支えとなり、力となる日が必ず来るでしょう。

その日まで、自分の命を慈しみ、生きることを選び続けてください。

所属の法則⑨

「私があなたの代わりに逝きます……」

家族のメンバーが突然亡くなると、残された者の中に「私もあなたの後に続きます……」という死への衝動が現れることがあります。

では、もし子どもが、自分の親の中にこの「私もあなたの後に続きます……」という死への衝動を察知した場合、その家族には何が起きるでしょうか？

意識的であれ無意識的であれ、子どもは親を愛するあまり、自分の命を犠牲にしてでも親を救おうとすることがあります。そのとき、子どもの心にはこうした思いが生じるかもしれません。

「愛するお母さん（またはお父さん）、あなたの代わりに私が逝きます……」

親の代わりに死を引き受けようとするこの衝動によって、子どもは自身の命に大きな影響を受けます。

結果として、その子どもが大事故や大怪我を繰り返したり、深刻な病気や自殺衝動に苦しむなどの問題が現れることがあります。

こうした場合、子どもは「自分が犠牲になれば親を救える」という幻想を抱いています。しかし、それは、自分が苦しむことで親が楽になるという、愛ゆえの誤解です。

これは「運命の法則」に違反しています。

子どもが犠牲になっても親の苦しみは軽減されない

この幻想に基づいて子どもが苦しみを引き受けたとしても、現実には親を救うことも、親を喜ばせることもできません。子どもが犠牲になることで、親の苦しみが軽減されるということは決してないのです。むしろ親に加えて、子ども自身が新たに苦しむ人物となるだけです。

この状況を解決するためには、親の代わりに苦しもうとしている子どもに、自分の命を縮めるような行為や犠牲は無意味であると理解させることが必要です。

親を救う唯一の方法は、子ども自身が健康で幸せに生きることです。

子どもが健やかに生きる姿を見せることこそ、親が安らぎを感じられる最善の方法です。親の苦しみを引き受けるのではなく、親と自分を区別し、「親の問題は親自身が向き合うべきものであり、自分が解決する必要はない」と気づくことが、子どもの自由を取り戻す鍵となります。

親がこの問題に対処するには、まず自分の中にある死への衝動や苦しみに気づき、それと向き合うことが必要です。親自身がその感情を癒すためにサポートを求めたり、自分の人生を見つめ直すことが、子どもを解放するための第一歩となります。

さらに、親は子どもに対してこう伝えることが重要です。

「あなたは私を救うために苦しむ必要はない」

「私は自分の問題に向き合っているから、あなたはあなた自身の人生を充実させてほしい」

このようなメッセージが、子どもにとって大きな安心感と解放感をもたらします。

子どもが親の苦しみを背負わずに、自分の人生を生きることを選べたとき、その家族には新たな秩序と安定が訪れます。**親と子どもがそれぞれの役割を尊重し、親は親としての課題に向き合い、子どもは自分の人生を楽しむことで、家族システム全体が癒されます。**

親を救おうとする幻想を手放し、自分自身の幸せを選び取ることが、子どもにとっても家族全体にとっても、最善の道です。

所属の法則⑩

「私は死んで罪を償います……」

個人的無意識や家族的無意識に起因する罪悪感の影響によって、「私は死んで罪を償います……」という衝動が現れることがあります。

この衝動は、無意識の深い部分で罪悪感を抱え、それを清算しようとする心理的・身体的な反応として現れます。

たとえば、中絶を繰り返した女性が、自分の子どもの命を奪った贖罪の意識から子宮ガン（筋腫）を発症する場合があります。

また、自分の母親を深く憎み、「母を殺したい」と思うほどの感情を抱えている女性が、自らの生命の源を拒絶する自己処罰の結果として、乳ガンを患うといったこともあるかもしれません。

これらの例は、病気が単なる身体的現象ではなく、深い罪悪感や自己処罰の象徴として現れる可能性を示しています。

病気を通して「罪の存在」を家族に知らせる

心理セラピーにおいて深刻な病気にアプローチする際、「罪を償う手段としての病気」や「罪悪感に起因する自己処罰としての病気」という視点が重要になることがあります。

この場合の罪悪感は、必ずしも本人の行動に起因するものとは限りません。家族的無意識の「ギブアンドテイクの法則」によれば、もしも先祖が自分の犯した罪を償わない場合、その役割が子孫に引き継がれることがあります。

つまり、先祖が犯した罪の影響が家系に残り、その清算が子どもや子孫に課される可能性を考慮する必要があります。

たとえば、戦争や不正行為、重大な倫理的違反が家系内で未解決のまま放置されている場合、その責任や罪悪感が次世代に引き継がれ、病気や人生の困難として現れます。

これは、家族的無意識が家族システム全体のバランスを回復しようとする試みとも言えます。

罪悪感に関連する病気は、個人の身体や心を傷つけるだけでなく、家族システム全体に深い影響を与えます。**病気が発症することで、無意識的なレベルで「罪の存在」を家族に認識させ、その清算を促している可能性があります。**

たとえば、子孫の誰かが重い病気を患った場合、それは単に身体的な問題ではなく、家系内で未解決の過去が関係している可能性があります。

その病気は、先祖が犯した罪や未解決の問題に注意を向けさせ、家族全体がその存在を認め、向き合うきっかけを作る役割を果たしています。

病気の背景にある心理的・家族的なメッセージは？

罪悪感に基づく病気に向き合う際には、以下の視点が重要です。

まず、病気を単なる敵として排除しようとするのではなく、その背景にある心理的・

家族的なメッセージを理解しようとする姿勢が必要です。

さらに、病気が先祖の罪を清算するためのものと考えられる場合、家系全体に向けて癒しのプロセスを開始することが求められます。

たとえば、先祖が犯した罪やその影響を家族全員で認識し、心の中で「その罪の存在を認め、敬意を払う」という行為が、病気を軽減する鍵となることがあります。

心理セラピーを通じて、クライアントが自分自身や家族の中にある罪悪感と向き合うことが、病気の根本的な原因にアプローチする重要なステップとなります。

クライアントが「私の罪ではない」と認識しつつ、家族システム内の問題に敬意を払い、その重荷を手放すプロセスを進めることが目標です。

最終的に大切なのは、病気を「罰」ではなく、「家族システムがバランスを取り戻そうとするためのメッセージ」と捉えることです。

所属の法則⑪

性的アイデンティティの混乱は〝同一化〟による〝もつれ〟が関係している

同性愛や性同一性障害を含む性的アイデンティティの混乱の背景には、〝同一化〟による〝もつれ〟が関係している場合があります。

〝同一化〟とは、家族内で亡くなった異性の兄弟姉妹や先祖との無意識の同調を指します。この現象が性的アイデンティティに影響を与え、自分の生物学的な性別（セックス）や社会的な性別（ジェンダー）に違和感や抵抗感を抱く状態を引き起こすことがあるのです。

たとえば幼い子どもの命が失われた場合、残された異性の兄弟姉妹が亡くなった子どもと〝同一化〟することで、その魂を家族内に回復しようと試みることがあります。

この無意識の行為が、性的アイデンティティの混乱を生じさせることがあり、同様の現象は世代を超えて起こる場合もあります。早逝した先祖や家族から排除された人物に性別の異なる子孫が〝同一化〟すると、その子孫に性的アイデンティティの混乱が生じることがあるのです。

マイノリティの排除は問題解決にならない

同性愛、性同一性障害、性的アイデンティティの混乱に対するセラピーでは、個人の性に関する特性や嗜好を変えようとする試みは行いません。代わりに、その人が自分に与えられた運命や過去の決断と調和し、自分らしく幸せに生きられるよう支援します。

このアプローチは、その人自身の癒しだけでなく、家族システム全体に調和をもたらすと考えられます。私自身、これまでにゲイやレズビアンのクライアントにセラピーを提供してきた経験を通じて、この考えに至りました。

セラピーはその人が自分を否定するのではなく、自分の性やアイデンティティと向き合い、受け入れるための安全な場を提供することが重要です。そのプロセスを通じて、クライアントは自分自身の人生を前向きに生きる力を取り戻します。

性的アイデンティティの混乱は、長い間、恥ずべきこととされてきました。現在においても、同性愛者が社会的に排除される問題が続いています。

しかし、同性愛者であれ、少数民族であれ、家族や社会の中でマイノリティを排除する行為が問題解決や幸福につながることは決してありません。

家族的無意識の「所属の法則」によれば、排除された者や失われた者は、必ず別の形で私たちの前に現れます。

これは、家族や社会の中から排除された者に正しい居場所を与えることができない限り、真の癒しや平和を得ることはできないことを意味しています。

家族や社会の中で排除された人物や失われた存在に対して、等しく正しい居場所を与えることが必要です。それには、その存在や運命に敬意を払い、受け入れる心の姿勢が欠かせません。

私たちが真に取り組むべきは、「誰かを変えようとすること」ではなく、「誰も排除しないこと」です。そうすることで、その人自身の癒しが進むだけでなく、家族や社会全体にも調和がもたらされます。

所属の法則⑫

被害者と加害者はともに家族システムの一員である

家族メンバーを被害者とする家族外部の加害者は、家族システムの一員として扱われるべき存在です。

通常、家族メンバーに深刻な被害を与えた加害者は、被害者家族によって拒絶（排除）される傾向があります。

これは、被害者家族の心情を考えると自然な反応であり、当然とも言えます。

しかし、家族的無意識の「所属の法則」によると、加害者を排除することはその法則に違反します。

加害者が排除されると、その家系で似たような悲劇やストーリーが繰り返される可能性が高くなります。

この問題を解決するためには、まず加害者が被害者と向き合い、自分の行動の結末を直視することが必要です。加害者は、自分が行った行為の責任を受け入れ、罪悪感を背負わなくてはなりません。

そして被害者側は、加害者に対して次のようなメッセージを心の中で伝えることが求められます。

「あなたは大変なことをしました。あなたが取った行動の責任はすべて、あなたが背負うべきものです。私が取った行動の責任は、すべて私が負います」

このプロセスを通じて、加害者と被害者の間に無意識的な力動が癒され、家族システム内で秩序が回復される可能性が高まります。

被害者と加害者の立場が反対でも同じこと

反対に、家族メンバーが加害者で、家族外部に被害者がいるという場合も同様です。家族システムの中では、家族外部の被害者やその家族もまた、一員として扱う必要があります。

たとえば、以下のような状況を考えてみてください。

・あなたの父親が経営する工場で災害が発生し、従業員が亡くなった場合、災害で亡くなった従業員やその家族は、家族システムのメンバーとして扱わなければなりません。

・あなたの祖父が戦争で功績を上げ、勲章を授与された場合、その祖父が殺した敵国の兵士やその家族も、家族システムの一部として認識する必要があります。

・あなたの家族の中に小児性愛者がいて、過去に子どもに危害を加えた場合、その子どもやその家族もまた、家族システムに居場所を与えるべきです。

加害者や被害者を一切排除することなく、すべての関係者を家族システムの一員として受け入れることが、家系の秩序を回復させ、未来に同じ悲劇を繰り返させないための鍵となります。

これには、加害者や被害者に対して敬意を払い、「私の中にあなたの居場所はあります」と認めることが必要です。

被害者や加害者に居場所を作る行為は、家族システム全体の癒しを促し、家族的無意識のレベルでバランスを取り戻す重要なステップとなります。

私たちは、家族や社会から加害者や被害者を排除するのではなく、その存在を受け入れ、その運命に敬意を払うことを学ばなければなりません。それは、家族システムの中で隠されていた傷や痛みを癒し、未来に向けて新しい可能性を開くための唯一の方法です。

家族的無意識の「所属の法則」は、「排除されたものは必ず別の形で私たちの前に現れる」という原則を教えています。

その教えに従い、家族システムに隠された痛みに目を向け、すべての存在に正しい居場所を与えることで、私たちは家族と社会に真の平和と調和をもたらすことができるのです。

ランクの法則❶

ランク上位の者は「与える側」、下位の者は「受け取る側」である

「ランクの法則」は、家系内に居場所を与えられた家族メンバー全員に対して、それぞれが家族システムに属した時間の順序に基づいて、役割や位置を規定します。この仕組みによって、家系全体に秩序がもたらされ、それが正しく保たれているとき、その家系は適切に機能し、存続・繁栄の条件が整います。

「ランクの法則」の重要な特徴の一つは、ランク上位の者が「与える側」であり、ランク下位の者が「受け取る側」であるという点です。

親はランク上位の存在であり、子どもはランク下位の存在です。家族内でのライフフォースのエネルギーもまた、このランクの流れに従い、親から子へと向かって流れます。これにより、家族システム内で愛やサポート、エネルギーが健全に循環します。

しかし、このランクが逆転することがあります。

たとえば、子どもが「母親はなんてかわいそうな人なんだ」あるいは「父親は本当にダメな人間だ」といった感情を抱いたり、「親を許そう」といった態度を取る場合、これは子どもが親を自分よりも下のランクに置くことを意味します。

この逆転によって、子どもは親から本来受け取るべきライフフォースを受け取れなくなり、結果としてその後の人生で誰からも愛や助けを得ることが難しくなります。

こうした場合、その子どもは無意識のうちに一人で頑張らなければならない人生を選び、孤立感を抱えることが多くなります。

親に敬意を払うことでサポートを受け取れる

親と子のランクを正常に戻すことは、こうした問題を解決するために必要です。ランクが正常に戻ることで、再び親から子へと愛やエネルギーが流れ始め、子どもは人生の中で必要な愛やサポートを受け取れるようになります。

親子のランクを正常に戻すためには、親に敬意を払い、その存在を大きいものとして認める心の態度が重要です。

子どもが心の中で「お母さん（お父さん）、あなたは私よりも大きい存在です」と認識し、「私はあなたから命をいただき、この世界に存在しています」と自覚することが、親子関係を回復させます。

また、親が持つ運命や課題に対して敬意を払いつつ、「それらは親自身のものであり、自分が解決するべきものではない」と理解することも必要です。

こうした心の態度を持つことで、親から子への愛の流れが回復し、家族システム全体の秩序が整います。

「ランクの法則」が正しく適用されている家族システムでは、親は親として子どもにライフフォースを与え、子どもはそれを受け取りながら自分の人生を築いていきます。この秩序が保たれることで、家系全体に安定と繁栄がもたらされます。

ランクの法則❷
親子間のランクづけが正しく行われていること

ランクは、家族システムの中でメンバーが加わった時間の順序によって決まります。親と子の関係では、親がランク上位、子がランク下位となり、ランク上位である親は「与える人」、ランク下位である子は「受け取る人」として位置づけられます。

この秩序に従い、親のライフフォースのエネルギーは子へと流れます。

逆に、この秩序が乱れると、子が親の役割を背負うようになり、家族システム内のエネルギーの流れが滞ることで、子の人生に困難が生じる場合があります。

子が親からライフフォースを受け取るためには、子自身が父親と母親を生命の源として心から受け入れる必要があります。**両親を受け入れることは、自分の命そのものを受け入れることに他なりません。**

子が親に「私はあなたが与えてくれた命を大切に受け取ります。そして、チャンスがあるならば、その命を次の世代へと引き継ぎます。あなたが私にそうしてくれたように」と心の中で伝えることは、親から受け取った命を尊重し、次の段階へ進むための重要なプロセスです。

親と子の間では、ギブアンドテイクの完全なバランスが成立することはありません。子が親に命を与え返すことはどんなに努力しても不可能だからです。

しかし、子が親から受け取った命を次世代に引き継ぐとき、子はその責任から解放されます。

こうして、親から子、そして子からその次へとライフフォースが流れる循環が生まれ、家族システム全体の秩序が保たれます。

親から子へ愛とエネルギーが流れる言葉

親の立場にいる場合、子に次のように伝えることが重要です。

「私は大きい、あなたは小さい」

「小さいあなたは、大きい親である私を救うためにこの世に生まれてきたわけではありません」

「あなたがこの世に生まれた理由は、あなた自身が幸せになるためです」

「もし私に問題があるなら、その問題を親である私に委ねてください。私はその責任を引き受けるために存在します」

これらの言葉は、親が子に対して役割と秩序を明確にし、子が親を尊重できる環境を作ります。親は「与える人」であり、子は「受け取る人」という関係が再確認されることで、子は無理に親を支えようとする必要がなくなり、自分自身の人生に集中できるようになります。

家族システム内でランクが正しく守られると、親子の関係は健全なものとなり、親から子への愛とエネルギーが自然に流れるようになるのです。

ランクの法則③
兄弟姉妹間のランク

兄弟姉妹間のランクにおいては、兄や姉のほうが弟や妹よりもランク上位に位置します。メンバーのランクは、その人が家族システムに加わった時間の順序によって決まるからです。

家族の中で早く生まれた兄や姉が上位とされ、その後に生まれた弟や妹が下位に位置づけられるのは、自然な秩序に基づいています。

離婚や再婚を経た複雑な家族構成においても、このランクの原則は同じです。

たとえば、前の配偶者との間に生まれた子どもは、現在の配偶者との間に生まれた子どもよりもランク上位となります。

なぜなら、家族システムにおいて前者の子どもは、後者の子どもよりも早い時期にメンバーとして加わったからです。

親がランクの重要性を認識して伝えること

「ランクの法則」は、家族システム全体の秩序を保つために重要な役割を果たします。兄弟姉妹や異母・異父兄弟姉妹間でこのランクが乱れると、不和や摩擦が生じることがあります。

しかし、各メンバーが自分の位置を受け入れ、それを尊重することで、家族システム内の調和が保たれます。

特に複雑な家族構成においては、親がランクの重要性を認識し、それを子どもたちに自然な形で伝えることが大切です。

すべての兄弟姉妹が正しいランクを受け入れたとき、家族内での関係性は安定し、メンバー全員がそれぞれの役割を果たすための基盤が整います。

ランクの法則❹

家族システムのランクにおいては現配偶者より元配偶者のほうが上位

あなたのパートナーに再婚歴がある場合、パートナーの元配偶者は、時系列を重視する家族システムにおいては、現配偶者であるあなたよりもランク上位に位置します。

したがって、現配偶者であるあなたが、パートナーの元配偶者を尊重することは、家族システム内の秩序を保つために非常に重要です。

「あなたが一番目です。私は二番目です。あなたが場所を空けてくれたおかげで、私はこの人（パートナー）と一緒になることができました」

このように元配偶者を尊重する言葉を心の中で認識し、態度で示すことができれば、現在の婚姻関係に秩序と安定がもたらされます。

元配偶者を尊重することで、現配偶者であるあなたも、あなたのパートナーも、リラックスした状態で現在の婚姻関係を築けるようになります。この安定した基盤があることで、パートナーシップを優先し、大切にすることが容易になるでしょう。

パートナーの元配偶者を尊重すること

一方で、もしあなたがパートナーの元配偶者を尊重できない場合、たとえば、「私(現配偶者)のほうが、あなた(元配偶者)よりも上だ!」という心の態度を持つと、現在の家族システムにおける秩序が失われます。

その結果、現在の婚姻関係は緊張感に満たされ、不安定になり、壊れやすいものになってしまう可能性があります。

「ランクの法則」は、過去と現在のすべての関係性を正しく位置づけ、尊重することで秩序をもたらす原則です。パートナーの元配偶者を尊重することは、単に過去を受け入れるだけでなく、現在の婚姻関係を強化するための土台となるのです。

ランクの法則❺

実家の家族と結婚後にできた家族のランク

結婚をすると、自分が生まれ育った原家族（実家）と、結婚後に築いた現家族という二つの家族が存在します。**原家族（実家）は現家族よりもランクが上位に位置します。**「ランクの法則」は時系列にしたがうからです。

もし原家族（実家）とのつながりを拒絶したり、ないがしろにしようとしながら、現在のパートナーや子どもたちとの関係を大切にしようとしても、関係がなぜかうまくいかないことがあります。

これは、家族システムにおける秩序が乱れているためです。

家族システムの秩序を整えるためには、まず原家族を尊重し、そのつながりを認めることが必要です。これによって、現家族との関係が安定し、パートナーや子どもたちとのつながりを優先して育むことができるようになります。

パートナーも実家とのつながりが第一

同じことは、あなたのパートナー（配偶者）についても当てはまります。もしあなたがパートナーに対して、「実家と距離を取るように」と求めたり、「実家よりも現在の家族を優先するように」とプレッシャーをかけたりすると、逆効果となります。

このような状況では、パートナーは実家とのつながりを意識せざるを得なくなり、結果として現在の家族との関係に集中することが難しくなります。

そこで、パートナーがあなたや現在の家族との関係にしっかり向き合えるようにするには、パートナーの原家族とのつながりを尊重することが重要です。

次のような心の態度を持つことが助けとなるでしょう。

「実家とあなたとのつながりが一番目です。私とあなたとのつながりは二番目です。私は、あなたと実家との特別なつながりを尊重します」

このような態度を示すことで、パートナーは原家族とのつながりを安心して認めることができ、その結果、現家族とのつながりを強化することが可能になります。

ギブアンドテイクの法則❶

個人的レベルのものと家族的無意識レベルのものがある

「ギブアンドテイクの法則」には、個人的レベルのものと家族的無意識レベルのものがあります。

個人的レベルの「ギブアンドテイクの法則」は、人間関係における「与える（ギブ）」と「受け取る（テイク）」の行為に基づきます。

この法則は、他者との間で生じたバランスの不均衡を解消し、均衡を取り戻そうとする自然な衝動として現れます。たとえば、誰かから大きな助けを受けた場合、その恩に報いるために自分も何かを与えたいと感じる気持ちがこれに当たります。

一方で、家族的無意識レベルの「ギブアンドテイクの法則」は、家族システム（家系）全体に作用するものです。**この場合、法則の対象は個々の家族メンバーではなく、**

先祖や子孫を含む家系全体です。

たとえば、ある家族メンバーが他者に対して与えたり受け取ったりした利害が、その二者間で解消されない場合、同じ家系に属する子孫がそのバランスを取ろうとする現象が現れます。これは、家族システム全体が秩序を保とうとする、無意識的な試みであると考えられます。

与える者と受け取る者の関係は強固になる

個人的レベルのものと家族的無意識レベルのもの、どちらにも共通して言えることは、「与える」と「受け取る」のやり取りが繰り返されることで当事者間のつながりがより親密で、より強固になるという点です。交換されるものがポジティブなものであっても、ネガティブなものであっても、その関係は次第に分かち難いものになります。

ただし、この原則が適用されるのは、ランクが等しい者同士の関係に限られます。

親子などランクが異なる関係では、ギブアンドテイクのやり取りがバランスしない状態が自然です。

ギブアンドテイクの法則❷

親は与え、子は受け取る。親子間では一生バランスしない

ランクが異なる者同士の関係では、ギブアンドテイクのやり取りが完全にバランスすることはありません。たとえば、親と子といった異なるランク間では、ランク上位の者が喜びをもって与え、ランク下位の者がその与えられたものを喜んで受け取ることで秩序が保たれます。

親子関係を考えると、子どもは親から命を受け取りますが、命と同等の価値を親に与え返すことは不可能です。どんなに親孝行をしようと努力しても、子どもが親に「借り」を返しきることはできません。

そのため、親子の間ではギブアンドテイクのやり取りがバランスしない状態が一生続きます。しかし、それこそが親子の自然なつながりであり、親子の関係が切れるこ

とは決してありません。

親子間では不均衡が維持される

このバランスの不均衡が持続されること自体が、親子関係の本質です。親は子に与え、子はそれを受け取ります。

その代わり、子どもは結婚し、自分の子どもが生まれることで、親との間で感じていたギブアンドテイクのアンバランスのプレッシャーから解放されます。

これは、命の流れが親から子、そしてさらにその子へとつながっていく自然な循環を表しています。

この視点から見ると、家系の存続と繁栄は「ギブアンドテイクの法則」に基づいているとも言えます。**親は自分の命を子に与え、子はその命を次世代に引き継ぐことで、親から受け取った恩を間接的に返す役割を果たします。**

この命の流れが続くことで家系全体が繁栄し、未来へとつながっていきます。

ギブアンドテイクの法則③

兄弟姉妹間のギブアンドテイク

ランクは家族システムにおけるメンバーの加入順序で決まります。よって兄や姉は弟や妹に比べてランク上位に位置します。このランクに基づき、兄弟姉妹間のギブアンドテイクのやり取りも、親子間と同様にバランスしないのが自然な状態です。

つまり、兄弟姉妹間では、年長の者が「与える者」、年少の者が「受け取る者」として位置づけられます。この秩序が乱れると、兄弟姉妹間で不和が生じたり、ギブアンドテイクの流れが滞って、家族全体に不調和が及ぶこともあります。

ランク上位者ほど「与える対象」が増える

親子間のギブアンドテイクと兄弟姉妹間のそれを合わせて考えると、その流れがより明確になります。たとえば3人姉妹の場合は、次のような流れになります。

・長女は両親からライフフォースや愛を受け取り、それを次女と三女に与えます。
・次女は両親と長女から受け取り、三女に与えます。
・三女は両親、長女、次女から受け取る立場にあります。

このように、ランク上位の者ほど「与える対象」が増え、ランク下位の者ほど「受け取る対象」が増えるという特徴があります。これは家族システムにおける自然な秩序であり、この流れが続くことで、兄弟姉妹間や家族全体の調和が保たれます。

ランク上位の兄や姉は、年少の弟や妹に対して与える役割を果たすことで、自分が両親から受け取ったものを次の世代や下位の者に引き継ぐ責任を担います。一方、ランク下位の弟や妹は、上位の兄や姉、そして両親からの愛やライフフォースを受け取ることで、その流れを受け止め、自分の人生を豊かにしていきます。

この流れが自然な形で続く限り、家族全体が健全なバランスを保てます。

ギブアンドテイクの法則❹

親密な男女間のギブアンドテイク

恋人や夫婦関係にある男女が良い関係を保つためには、ギブ（与えること）とテイク（受け取ること）のバランスが欠かせません。

このバランスが保たれているとき、二人の関係には均衡と安心が生まれ、より強固なつながりが築かれます。

親密な男女間のギブアンドテイクは、本質的に愛に基づいて行われます。与える側は見返りを期待することなく与え、受け取る側も負担や罪悪感を感じることなく自然に受け取ります。

そのやり取りが有形のものであれ、無形のものであれ、その核心には常に愛が存在します。

しかし、関係から愛が失われると、ギブアンドテイクは単なるビジネス的な契約のようになり、「どちらがどれだけ与えたか」「誰が得をして、誰が損をしているか」といった損得勘定が始まります。

これは関係のバランスを壊し、二人のつながりを弱める要因になります。

私たちは愛する人に好意を与え、その好意を受け取った相手は、そこに愛を少し加えて少し多めの好意を返します。

このやり取りは、個人的レベルの「ギブアンドテイクの法則」に基づいています。

好意の返礼を受け取ったあなたは、さらに愛を少し加えて、相手にまた少し多めの好意を返します。

こうしてギブアンドテイクが繰り返されることで、二人の間に流れる〝愛（好意）の量〟は次第に大きくなり、その結果、二人の関係性の強さは複利的に成長していきます。

「相手から好意を受け取ったら、そこに愛を少し加えて、少し多めの好意を返す」

このシンプルな行動が、愛する男女のつながりを強め、関係を維持するための秘訣です。

二人が良い関係を保つためには、「相手が返せる以上を与え過ぎない」「自分が返せる以上を受け取らない」という点も重要です。

もし一方がもう一方に対して過剰に与え過ぎると、受け取った側は返せないことに負担を感じ、最終的には罪悪感を抱いて関係から離れていく可能性があります。

これは、受け取った側が返したくても返せるだけのものや能力がない場合に起こります。

たとえば、与えるばかりで受け取ることをしない女性は、相手の男性にとって負担となることがあります。

尽くし過ぎる女性や、過去に「重すぎる」と言われて関係が破綻した経験のある女性は、特に注意が必要です。

相手が受け取れる範囲で、適度な愛と好意を与えることで、二人の関係を健全に保つことができます。

健全なギブアンドテイクのやり取りが続くと、二人の間に愛の循環が生まれます。

その循環は、両者の間に安心感をもたらし、信頼を深める土台となります。

愛が損得勘定を超えて自然に流れ続ける限り、二人の関係は時間とともに強く成長していきます。

ギブアンドテイクの法則⑤

離婚するカップル間のギブアンドテイク

離婚する男女が関係を終わらせるためには、二人の間で行われるギブアンドテイクのフロー（流量）をゼロにし、貸し借りの残高を完全に清算する必要があります。ギブアンドテイクのやり取りが続いていたり、貸し借りが未解決のまま残っている場合、二人の間に〝もつれ〟が発生し、関係を完全に終えることができません。これは離婚後も裁判を繰り返している元夫婦の例を見れば明らかです。古い関係の〝もつれ〟を残したままでは、新しい関係を築くことも、成功させることも困難になります。

ランクが同等の男女は別れるときも対等に

離婚が決まり、関係を終える際には、二人が互いに心を込めて次のように伝え合うことが大切です。

「私はこれまでに、あなたからたくさんのものを受け取りました。あなたから受け取ったものは、このままありがたく頂戴します」

「あなたもこれまでに私からたくさんのものを受け取りました。私から受け取ったものは、そのまま差し上げます」

「二人の間に起きた問題について、私は私の責任を引き受けます。そして、あなたの責任はあなた自身に委ねます」

「これで貸し借りは無しです。」

「今後、あなたが穏やかな気持ちで生きていけることを願います。私も穏やかな気持ちで生きていきます」

このように、貸し借りの残高をゼロにし、お互いに責任を明確に分担することで、ギブアンドテイクのバランスが取れ、二人の間の〝もつれ〟が解消されます。

ランクが等しい男女同士は、関係を始めるときも、終えるときも対等であるべきです。別れる際に互いの価値を認め、感謝の言葉を伝え合うことで二人の関係は完結し、それぞれが新しいスタートに向けた準備が整います。

ギブアンドテイクの法則❻

「利益と損失の均衡」により子孫に不幸が……

家族システムの中で何かが奪われたり、与えられたりすると、そのバランスを保つために無意識的な力が働き、家系や運命に影響を与えることがあります。

これは、家族的無意識が「利益と損失の均衡」を重視するためです。

家族外部の人物が、ある家族の不運によって利益を得た場合、あるいは家族が外部の人物の不運によって利益を得た場合、その人物は家族的無意識の中で家族の一員として扱われます。

海外で報告された次のような事例が、このことをよく表しています。

第二次世界大戦中、ナチス政権によってユダヤ人家族が収容キャンプに送られ、その保有していた財産、金融資産、その他の物品が不当に没収されました。

あるドイツ人男性が、ナチスによって没収されたユダヤ人の財産を安値で入手し、それを利用してビジネスで大成功を収めました。

表面的にはこの男性の家系が大きな恩恵を受けたように見えますが、家族的無意識の観点から見ると、その利益は一方的なものであり、犠牲者とのバランスが崩れた状態にありました。

この不均衡は、男性の家系に後世で影響を及ぼしました。その孫の世代に至り、悲惨な事故によって子孫たちが次々と命を落とす事態が発生したのです。

最終的に、50代の女性を一人残して、他の家系メンバーはすべて命を失いました。

この出来事は、利益を得た側と不利益を被った側との間のバランスが保たれなかったことで、家族システムに起こり得る深刻な影響を示しています。

「ギブアンドテイクの法則」には補償原理が働く

右に挙げた事例は、家族的無意識の「ギブアンドテイクの法則」による補償原理の一例です。

家族的無意識の中では、損失と利益の間の不均衡が長期間放置されると、その均衡を取り戻すための力が働きます。具体的には、直接の当事者ではない後世の家系メンバーに、その影響が現れることがあります。

これを防ぐためには、家族システムの中で利益を得たことを認め、不当に損失を被った人々への敬意を示すことが重要です。たとえば、被害者やその家族に対する謝罪や、感謝の気持ちを表す行為が、家族システムの癒しにつながります。

さらに、記念碑を建てることや慈善活動などを通じて、被害者の存在を未来の世代に伝えることも有効な方法です。

しかし、家族的無意識は、善悪を裁くものではありません。その目的は、全体の秩序を回復し、家系全体が調和の取れた状態に戻ることです。

過去の出来事に向き合い、その中で失われたつながりを取り戻すことで、家族システムの未来に新たな可能性をもたらすことができます。

ギブアンドテイクの法則⑦

人生を豊かにする方法

あなたの人生がどれだけ豊かになるかは、あなたのギブアンドテイクのフロー（流れ）の能力の大きさによって決まります。

他者との結びつきは、あなたとその相手との間で行われるギブアンドテイクのフローが大きくなればなるほど、より強固で深いものになるからです。

相手にコミットしているレベルが高ければ高いほどフローは大きくなり、その関係もより強い絆を持つものになります。

一方で、「誰にも縛られたくない」「誰からも自由でいたい」と考え、他者との関係を避ける人は、ギブもテイクもしないため、他者から受け取るものも少なく、人生の豊かさも限られたものとなります。

豊かに与えるためには、まず豊かに受け取ることが必要なのです。

十分に受け取れる人は、十分に与えられる人

どうすれば、豊かに与え、豊かに受け取れる人間になれるのでしょうか？

その鍵は、他者から受け取る能力にあります。十分に受け取れることは、十分に与えるための必要条件だからです。

そして、あなたが他者からどの程度受け取れるかは、あなたが両親や先祖から受け取れているかどうかによって決まります。**誰も、あなたが両親や先祖から受け取れる以上のものを、あなたに与えることはできません。**

もし、あなたが両親や先祖から与えられたものを喜びをもって受け取れているのであれば、他者からの愛や好意、サポートを受け取ることも上手にできるでしょう。

一方で、もしあなたが両親を拒絶したり、彼らに対して感謝の気持ちを持てない場合、他者からも何も受け取ることができなくなるかもしれません。

その結果、満たされることなく、不平や不満を抱えながら生きることを余儀なくさ

れます。

他者から与えられることを望むのであれば、まずは自分の生命の源である両親や先祖から受け取ることができなくてはなりません。

人生の豊かさは、他者との関係性を深め、そこに生まれるフローをどれだけ広げられるかにかかっています。そのためには、他者とのギブアンドテイクを意識するだけでなく、その土台となる両親や先祖とのつながりを見直すことです。

両親から与えられた命や愛を心から受け入れ、感謝することで、あなたの中に他者からのギブを受け取るスペースが生まれます。

与えることと受け取ることは相互に関連しています。

他者から愛やサポートを豊かに受け取り、それを他者に惜しみなく与えることができたとき、あなたの人生はより充実し、満たされるものになるでしょう。

ギブアンドテイクの法則⑧

運命を愛の力で乗り越える

戦争や事故、病気などによって身体や脳に障害を負うと、健常者と同じ生活を営むことが難しくなる場合があります。このような状況がカップルの一方に生じたとき、二人の間のギブアンドテイクのバランスは大きく崩れます。

これまで互いに「与えること」と「受け取ること」をバランスよく行っていた関係が、一方的な関係に変わらざるを得なくなるからです。

新たな「与える力」と「受け取る力」

このような状況では、世話をする側のパートナーは、相手から同等の見返りを期待することなく、愛情をもって好意を与え続ける必要があります。世話をする側のパートナーは、その役割を運命として受け入れ、次のように心に言い聞かせる必要があります。

「私は与える側であり、受け取る側ではない」

同時に、障害を負った側のパートナーも、自分が「受け取る側」であるという現実を受け入れなければなりません。

「私は与えることができなくても、受け取ることを許されている」

このように、カップルにはそれぞれが置かれた立場を運命として受け入れる姿勢が求められます。

しかし、これは容易なことではありません。障害を負った側のパートナーは、相手から一方的に好意を受け取る中で、罪悪感や負担感を抱きやすくなります。

また、世話をする側のパートナーも、感情的な疲労や見返りを期待する気持ちと向き合わなければならない場面があるでしょう。

こうした状況を乗り越えるためには、双方が新たな「与える力」と「受け取る力」を身につけることが求められます。

世話をする側のパートナーは、見返りを期待することなく、相手に愛情を注ぎ続ける能力を高めることが必要です。

一方で、障害を負った側のパートナーは、罪悪感や負担感を手放し、感謝の気持ちとともに一方的な好意を受け取り続ける能力を育てることが重要です。

これらの努力がなされることで、ギブアンドテイクのバランスを欠いた状態でも、二人の関係は愛を基盤にして継続していくことが可能になります。

最終的に、この試練を乗り越える鍵は、二人の間にある「愛の力」です。

愛は、運命の重みに対する唯一の救いであり、二人の関係を支え続ける強固な柱となります。愛する力と受け入れる力をもって、カップルは運命に身を委ねながら、関係を深め続ける道を歩むのです。

第5章

与えられた運命を克服した7人のストーリー

トラウマを乗り越えた実例①

苦労した祖父への忠誠心が成功の妨げに……

彩《あや》さんは、ファッション業界で成功を収めてきたビジネスウーマンです。20年以上かけて築き上げた自分のビジネスには高い誇りを持っており、その情熱と献身、そして人との優れたコミュニケーションスキルを駆使して、数々の困難を乗り越えてきました。

しかし、そうした成功を手にするたびに、一つの疑問が彼女の心を掴んで離しません。

「なぜ、私はいつも手に入れた成功を自ら壊してしまうのだろう？」

振り返ってみると、過去に何度もそのような出来事がありました。

あるときは主要な仕入先との予期せぬ衝突でビジネスの進展が滞り、別のときは貯金をすべてつぎ込んだ高額なプロモーションが大失敗に終わりました。

今、彼女は再び、理由もなく無力感と憂鬱に包まれ、自分のビジネスを手放すことさえ考えるようになっていたのです。

心と体は何の問題もないと医師からは太鼓判を押されましたが、心の深層にはどうしても見えない何かが潜んでいるような気がしていました。

ある日のこと、彩さんはふと家族のことを思い出しました。

彼女の父親は、ビジネスで成功を収め、家族を支えていました。母親は専業主婦として家庭を守り、彩さんは愛情豊かな家庭で育ちました。

表面上、家族関係に問題はなさそうに見えました。

しかし、なぜか心の片隅に、亡き祖父のことが浮かんだのです。

彩さんの祖父は、かつて地元で食料品工場を経営していました。彼のビジネスは成功し、祖父も、工場も、地元の人たちから愛されていました。

しかし、第二次世界大戦がすべてを変えてしまいました。祖父はロシアの戦地で負傷し、戦後、故郷に帰ったものの、以前のように事業を続けることができず、地元の町工場で雇われ事務員として生計を立てることになったのです。

家族の中にはこの転落を恥じるような空気が漂っていました。全員が、祖父が成功を失ったことを口にしないようにしていたのです。

それでも、彩さんだけは祖父を心から尊敬し、愛していました。

祖父が歩んだ足跡を思い出すと、自然と涙がこぼれました。

成功を妨げていたものは？

セラピーのセッションで、彩さんはようやく気づきました。祖父への忠誠心が、無意識のうちに自分の成功を妨げていたのだということに。

心のどこかで、こう思っていたのです。

「もし私が成功し続けたら、それは祖父を裏切ることになるのではないか？」

祖父が戦後経験した苦しみや、その事業の衰退を目の当たりにした彩さんは、自分が成功を手にすることで、そうした祖父の辛い歴史を無視してしまうのではないかという思いに囚われていたのです。

しかし、その一方で、彩さんは次第にあることに気づきました。

「祖父が自分に望んでいたのは、決して過去の栄光を取り戻すことではなく、私自身が健康で幸せに生き、成功していくことだったのではないか」

祖父が彩さんに伝えたかったのは、どんな困難に直面しても前に進み続ける力であり、家族や愛する人たちのために幸せを追求することだったのだと、彼女は心の底から理解するようになりました。

祖父が受けた試練と、それを乗り越えようとした努力は、決して無駄ではなく、むしろそれを乗り越えてこそ、新しい未来が開かれるということに気づいたのです。

彩さんはその思いを、ゆっくりと受け入れていきました。そして、自分の成功は祖父の苦しみを否定するものではなく、むしろその努力を称える形になるのだと確信しました。

セラピーを終えた後、彩さんは新たな決意を胸に抱きました。未来に向かって歩み続けること、そして祖父への感謝とともに、自分の道を切り開いていくことを。

心を覆っていた無力感や憂鬱は徐々に薄れ、再び情熱を取り戻すことができました。そして、新たなエネルギーを感じながら、彩さんは再出発を果たしました。

トラウマを乗り越えた実例②

生まれてこれなかった弟への罪悪感が消えない苦しみの源

セラピストが参加者に向かって声をかけました。

「次のクライアントになりたい方は手を挙げてください」

その瞬間、一人の男性が手を挙げ、ゆっくりと前に出てきました。

直樹さんは見た目は落ち着いていて、表情に強い意志を感じさせるものの、その瞳の奥には深い疲れが浮かんでいました。

「私はコンサルタントとして働いているのですが、最近、どうしても仕事に苦しんでいる自分がいます」

直樹さんは静かに語り始めました。

「クライアントからの期待に応えられないことに、強いプレッシャーを感じています。特に、結果を出せなかったときの自分の反応が酷く、引きこもってしまうことがよくあります。自分が無力に感じ、何もできないような気がして、心が重くなります」

彼の声は次第に震え始め、セラピストは穏やかにうなずきながら話を聞き続けました。すると、直樹さんはさらに重い告白をしました。

「実は、以前、自殺したクライアントがいたんです。その出来事が、今でも私の心に重くのしかかっていて、どうしても立ち直れません」

セラピストは慎重に問いかけを続けました。

「その出来事について、少し詳しく教えていただけますか？」

直樹さんはしばらく沈黙してから、もう一つの出来事を思い出すように口を開きました。

「実は、別のクライアントも亡くなっています。自然死でしたが、やはりそのことも心に引っかかっています」

セラピストは静かにうなずき、セラピーを始めました。

「今回は、その感情の根源にアクセスするところから始めましょう。まず、参加者の中から代理人を選び、亡くなったクライアントと直樹さん自身を象徴する役を立てます」

ワークショップの参加者たちが一人ひとり、直樹さんの過去を象徴する代理人として選ばれ、静かな配置が始まりました。代理人たちが立ち位置に落ち着き、全員が静寂の中でその場に集中していくと、何とも言えない重い空気が漂い始めました。

心の奥にあったものは？

セラピストは次に、亡くなったクライアントの代理人に「床に寝転ぶように」と指示を出しました。

その瞬間、部屋の空気が一気に変わり、直樹さんは目を見開きました。

突然、直樹さんの目から大粒の涙がこぼれ落ち、彼は激しく泣き始めました。

「こんなにも自分の中に苦しみがあったんだ……」

直樹さんは泣きながら、胸の奥に秘めていた感情を吐き出していきました。

「自分を責めていたんです。あのクライアントの死に、もっとできることがあったんじゃないかって」

セラピストはその涙を静かに見守りながら、次に直樹さんに質問をしました。

「あなたの家族に、早く亡くなった方はいますか？」

直樹さんは少し考え込みましたが、やがて母親から聞いた話を思い出しました。

「母は、私が生まれた数年後に、妊娠したけれど中絶した子どもがいたそうです。その子は『弟』だと認識していて、今でもそのことが心に残っています」

セラピストはその瞬間、直樹さんが感じている罪悪感の根源にたどり着いたことを感じ取りました。

「その弟が生まれることなく亡くなったことが、あなたの心に深く影響しているのではないですか？」

直樹さんは驚いたように顔を上げ、弟を象徴する代理人が配置されると、その存在が彼の内面に強い波紋を広げました。

涙が止まらず、深い罪悪感に浸っている直樹さんに、セラピストは静かに語りかけました。

「その弟が亡くなったことが、無意識のうちにあなたの心に傷を残し、それが現在の苦しみの源になっているのかもしれません」

その瞬間、直樹さんはようやく気づきました。

「もしかしたら、自分の弟に対する思いが、無意識のうちにクライアントに対して抱く感情に投影されていたのかもしれない……」

彼は深く息を吐き、涙を拭いました。


セッションの終わりに、セラピストは静かな声で伝えました。

「他人を救おうとする仕事には限界があること、そして、自分の人生と他者の運命を切り分ける重要性を理解してください」

直樹さんは涙ながらにうなずき、セラピストの言葉を心に刻みながら、最後には笑顔で感謝の言葉を述べました。

「ありがとうございました」

その言葉に、部屋にいた全員が深い感動を覚え、静かな余韻が広がりました。

トラウマを乗り越えた実例③

幸せになりたいのに、祖母や母と同様、暴力的で浮気をする男性を選ぶのはなぜ?

佳恵さんは、これまでに二度の結婚と離婚を経験しました。現在は三人目の夫との離婚協議が続いています。理由はいずれも、夫から受けた浮気と暴力です。

佳恵さんの過去を振り返ると、幼少期からの家族環境が現在の状況に色濃く影響していることがわかります。

佳恵さんの母親は、酔っ払った夫の暴力や浮気に、長年耐えていました。それは、「子どものために家族を守りたい」という母親としての願いからでした。

佳恵さんが小学生の頃は、暗い影が家庭の中に染み込んでいました。佳恵さんは父親が外で浮気していることを薄々感じていましたが、母親の辛い表情を見るのが嫌で、気づかないふりをしていました。

しかし、佳恵さんが中学2年生のとき、ついに両親が離婚しました。母親はずっと気丈な姿を見せてきましたが、離婚を決意した日の夜、佳恵さんにはじめて涙を見せたそうです。

さらに佳恵さんの母方の家族史を遡ると、祖母もまた夫の浮気と暴力が原因で一度離婚を経験していることがわかりました。

こうして、三世代にわたり「浮気をする男性」と「暴力を振るう男性」が家族に繰り返し現れていたのです。

「家族に忠実でいたい」という思いが不幸を選択

幼少期の経験から、佳恵さんは「幸せな結婚」や「理想の家庭」に対する強い憧れを抱くようになりました。

両親のようにはなりたくないと誓いながらも、皮肉なことに、なぜか出会う男性たちは皆、母や祖母が経験したパターンをなぞるかのようなタイプばかりです。

「なぜ私の人生は母や祖母と同じ道をたどっているのだろう？」

佳恵さんは、自分の選択が過去の家庭環境や家族の歴史に深く影響されているのではないかと感じ始め、セラピーを受ける決心をしました。

セラピーでは、家族の歴史に隠されたパターンと向き合い、母親や祖母との間に潜む無意識の「忠誠心」を解きほぐしていきました。

セッションの中で、佳恵さんは母親や祖母の痛みや苦労を理解し、心から受け入れることができるようになりました。

同時に、「彼女たちと同じように不幸でいることで家族に忠実であろうとしていた」自分の無意識の行動にも気づいたのです。

「母も祖母も、私には違う人生を歩んでほしいと願っているはず」

そう確信した佳恵さんは、心の奥底に抱えていた重荷を手放すことができました。

セラピーを終えた後、佳恵さんの気持ちは驚くほど軽くなり、これまで繰り返していた自己破壊的なパターンに対して新たな視点を持つことができるようになりました。

彼女は、自分の人生を自分の意思で歩むことを決意し、幸せを手に入れる第一歩を踏み出したのです。

トラウマを乗り越えた実例④

父親への憎しみがビジネスの発展の妨げに……

亜紀子さんはフリースクールの運営者で、自然の中で子どもたちを育てる活動をしています。海外で出会った教育法に感銘を受け、日本でそれを広めようと奮闘しています。説明会や体験入学では、子どもたちが楽しんでくれているのですが、入学者が増えないことが悩みだと告白しました。

セラピストは問題の深層に迫るため、代理人を使ったセッションを開始しました。まず、フリースクールの象徴としての代理人、子どもたちの代理人、そしてその親たちの代理人をフロアーに配置しました。

そして、セラピストは代理人たちに、自分の心と身体が感じる感覚に導かれるように、自由にゆっくりと動くように指示をしました。

すると、母親と子どもたちはフリースクールに近づきましたが、父親たちはフリースクールから距離を取って離れていきました。その様子は実際にクライアントの亜紀子さんがビジネスで体験している状況そのものでした。

それを見たセラピストは、この問題が亜紀子さんと父親との関係性に起因するのではないかとの疑いを持ちました。

このことについてセラピストが問いかけると、亜希子さんは自分の父親に対して強い憎しみを抱いていることを涙ながらに告白しました。

セラピストは、彼女が父親を排除していることが、彼女のフリースクール運営に影響を与えていると説明しました。子どもたちを父親から引き離そうとする無意識の力が、フリースクールの入学者数に影響を及ぼしている可能性があることが見て取れたのです。

女性たちの怒りと悲しみが心の底にあった

セラピストはさらに、彼女の背後に代理人を配置し、それが彼女の母親や祖母、さらにその前の世代の女性たち、つまり自分の夫から酷い扱いを受けた女性たちを象徴していることを説明しました。亜紀子さんは、そうした女性たちから受け継いだ怒りと悲しみに、無意識に同一化しているようでした。

セラピストは、亜紀子さんに次のように指示をしました。

「亜希子さん、後ろを振り向いて、彼女たちに伝えてください。『あなたたちの怒りは、私の怒りです』『あなたたちの悲しみは、私の悲しみです』」

亜紀子さんはそれらの言葉を泣きながら声に出しました。

続けて、亜紀子さんはセラピストに促されて、背後の女性たちに伝えました。

「あなたたちの憎しみは、私が晴らします」

そのとき、亜紀子さんは自分のビジネスがうまくいかない本当の原因を悟りました。

と同時に、これまで自分が続けてきた男性に対する憎しみを原動力としたビジネスのやり方は、母親や祖母、先祖の女性たちが子孫である自分に望んでいるものではないことにも気がつきました。

なぜならば、亜紀子さんが「あなたたちの憎しみは、私が晴らします」と伝えたとき、背後の女性たちは皆、悲しそうな顔をしていたからです。

最後に、亜紀子さんは彼女たちの力を借りて、子どもたちの家庭に笑顔と安心を取り戻すことを誓いました。

「私の心の中に、あなたたちの居場所はあります」

「どうか、私に力を貸してください」

「子どもたちのお父さんとお母さんが再びつながりを取り戻すために」

「子どもたちに笑顔と安心を取り戻すために」

亜紀子さんが正面に向き直ると、そこには子どもたちやそのお母さん、お父さんたちの笑顔がありました。

そして、背後の女性たちも含めて皆が亜紀子さんのほうへと自然に駆け寄り、全員が笑顔で手を取り合う姿が現れました。

トラウマを乗り越えた実例⑤

母親との過剰な絆から自立できないアルコール依存症に

陽一さんは20代後半の若者で、長年の自己破壊的な行動に悩んできました。

何度もアルコールに手を伸ばし、自分でコントロールが効かなくなるほど飲み過ぎてしまうのです。

「これじゃダメだ」と反省し、何度も「変わらなければ」と誓いましたが、どうしてもお酒の誘惑に負けてしまいます。

もともと陽一さんは非常に意欲的な学生であり、ＩＴベンチャー企業のセールスパーソンとしてキャリアをスタートさせました。若いうちから自分の力で成功を収めたいと心から思っていたのです。

しかし、アルコールが彼を支配するようになり、試用期間の仕事を二度も失ってしまいました。

現在、陽一さんは母親と一緒に暮らし、雑用をして生計を立てる毎日。自分を変えたいと強く願いながらも、足踏みしている自分に無力感を感じていました。

陽一さんが抱えていた最も大きな課題は「自制力」でした。

頭ではわかっているのです、アルコールが問題であること、生活が崩れていくこと。でもそのたびに、なぜか理性が勝つことはなく、感情や衝動に流されてしまう自分がいました。

どうすれば自分をコントロールできるのか、カウンセリングや自助グループを試してみようかとも思いました。しかし、そんな方法で本当に解決できるのか、彼には確信が持てませんでした。

陽一さんがセラピーを受けることにしたのは、そんな迷いがあったからでした。

セラピストは、陽一さんの問題が単なるアルコール依存ではなく、もっと深いところに根ざしている可能性を考えました。

それは、陽一さんの家族歴、特に母親との関係です。

最も重要なのは父親とのつながりを取り戻すこと

陽一さんの両親は、陽一さんが生まれて間もなく離婚しており、彼には父親の記憶がありません。

母親は父親に対して強い軽蔑の気持ちを抱き、陽一さんに対しても「父親に似なくてよかった」と言うことがありました。そのため、陽一さんは父親を「母と自分の人生を台無しにした男」として否定し、父親の存在を自分の中で完全に消し去ろうとしていました。

陽一さんは高校を卒業する18歳のとき、一度だけ父親に会いに行ったことがありました。しかし、父親との間には埋まらない距離感があり、会話もほとんど弾みませんでした。それは陽一さんに強い疎外感を抱かせました。

以来、父親とは一切連絡をとっていません。

最初から父親の記憶がないので、もっぱら母親から聞かされた父親像に基づいて、父親への憎しみや無関心を抱き続けてきました。

陽一さんは母親との絆をとても大切にしてきました。母親からは経済的にも感情的にも支えられ、心から頼りにして生きてきたからです。

陽一さんは母親と自分の二人だけの世界を築き上げてきました。

しかし、母親とのその深い親密さこそが、実は陽一さんにとっては大きな負担となっていたのです。

母親からの支援を受け続けることで、陽一さんは精神的に自立できないままでいました。自分が母親を支えるべき存在になることへの恐れも、無意識のうちに陽一さんを縛りつけていました。

セラピストは、この過剰な母親への忠誠心が陽一さんの自立を妨げ、アルコール依存を深めている可能性があることを指摘しました。

陽一さんが本当に自分の人生を取り戻し、アルコールから解放されるためには、まず母親との関係を見直し、母親の支えから解放されることが必要でした。

そして、陽一さんにとって最も重要なのは、父親への感情を再評価し、父親とつながり直すことでした。

母親の味方である役割を終わらせ、父親との距離を縮めることで、陽一さんははじめて自分を真に自由にすることができます。

陽一さんは、自分の人生を自分の手で切り開くために、これまでの過去を見つめ直し、新たな一歩を踏み出さなければならなかったのです。

その後、陽一さんは、母親の支援を受けながらも自立し、父親とのつながりを見つけることで、アルコールによる自己破壊的な行動を乗り越え、安定した生活を送る道を歩み始めました。

トラウマを乗り越えた実例❻

夭折した妹との絆を取り戻すことで精神と生活に安定が戻った

貴史さんは金融業界でSEとして仕事に追われ、夜遅くまでコンピューターの前に座り続ける日々が続いていました。24時を超えて働くこともざらで、仕事が終わった後でも気持ちは興奮状態のままです。そのため、よく眠ることができず、夜を徹して悩み続ける日々が続いていました。

貴史さんの趣味はロッククライミングです。以前はバンジージャンプやスカイダイビングに熱中していました。刺激と興奮を求める彼の心は、日々のストレスから解放される瞬間を求めていたのです。けれど、心のどこかでその欲求が満たされないことに気づき始めていました。

恋愛においても、彼には深い傷が残っていました。3年前に最後の恋愛が終わったのですが、その理由がわからないままになっていたのです。

貴史さんはその経験の後、自己嫌悪に陥って、自分に腹を立てることが増えていきました。以前から落ち着かない自分を感じてはいましたが、その感覚は日に日に強くなり、仕事にも支障をきたすようになっていました。

マインドフルネス（瞑想法の一種）を試してみたこともありますが、どれも効果が薄く、彼は徐々に試す気力を失っていきました。

妹との絆が生きる力を与えてくれた

ある日、貴史さんは自分の心の根本的な原因を探るために、過去を振り返ることにしました。家族の歴史の中に、彼が今の自分を理解するヒントが隠されているような気がしたからです。

貴史さんは中流家庭に育ち、二人の兄姉がいます。ですが、彼には忘れられない出来事がありました。幼い頃に妹が2歳で亡くなったことでした。

当時、貴史さんはまだ幼児で、妹が死んだことを完全には理解していませんでした。しかし、家族全体が深い悲しみに包まれ、その空気が彼の心にも影響を与えていたことは、今でもはっきりと覚えていました。

妹の死が自分の心に潜在的な影響を与えていると認識したのは、貴史さんがセラピーを受けているときでした。

貴史さんはリラックスして目を閉じ、妹のイメージを思い浮かべました。過去の記憶が次々と蘇る中で、彼は胸に強い悲しみを感じ、妹との愛情深い絆を再認識しました。

その瞬間、彼はこれが自分の心の緊張の根本的な原因だと理解しました。妹を失った悲しみが、彼を無意識のうちに「死」というものに引き寄せていたのでした。

しかし、その感情と向き合うことができたとき、彼は新たな気づきを得ることができました。

貴史さんは心の中で妹に語りかけました。

「私はあなたと、あなたの死を尊重します。そして、あなたの存在を心に刻み、これからはあなたを心の中で大切に守ります」

その瞬間、彼の心の中に安堵と静けさが広がりました。何かが解放されたような感覚が彼を包み込み、それは深い眠りに導かれるような感覚でした。

その日、家に帰ると、貴史さんはようやくぐっすりと眠ることができました。

その後、貴史さんは仕事に対する集中力を取り戻し、日常生活にも規律が戻ってきました。妹との再会を通じて、彼は自分の中の痛みと向き合い、その痛みを受け入れたことで、心の平穏を取り戻すことができたのです。

貴史さんは妹との絆を新たにし、その絆が彼に生きる力を与えてくれたことを深く感じました。心の中で妹を守り、彼女の思いを胸に生きることで、彼は再び自分の人生を歩む力を得られたのです。

死者との内面的な対話を通じて、死者が再び生きる存在として心に現れることで、癒しと安らぎが得られることを、貴史さんは実感しました。

トラウマを乗り越えた実例⑦

「私は母親から愛されない」

美月《みつき》さんはいつも、長く続く人間関係を築くことができません。特に恋愛や結婚に関しては、どの関係も長く続かず、現在は二度目の離婚をしようとしています。

「彼は無神経で、冷たい性格です。私が必要なときに、全然そばにいてくれない」

と、彼女は夫に対する不満を口にしました。

その言葉には、彼女の過去に対する深い不安と傷が反映されていましたが、本人はそのことに気づいていません。

彼女が夫に対して抱いている不平不満と、自分の母親に対して感じていることは、驚くほど似ていました。

「母親は私の気持ちにまったく興味がなかったし、私が困っていたり、辛い思いをしていても、全然気にかけてくれませんでした。私がして欲しいように母が愛してくれたことは、一度もありませんでした」

美月さんの悩みの根底には、彼女が母親との関係をうまく築けなかった事実が隠れていました。

彼女と母親の間に未解決のトラウマがあることが、彼女のすべての人間関係に影響を与えているようです。それが、夫との関係にも繰り返し現れているのです。

美月さんは最初、自分が母親を拒絶する理由が自分でもよくわかりませんでした。

しかし、セラピーを重ねる中で、次第に母親が祖母（母親の母親）について語った言葉を思い出しました。それは、母親が祖母を「まったく感情を表現せず、冷たくて自己中心的な人だと感じていた」という言葉でした。

「私の母親も、幼い頃に母親を亡くし、その後、親戚の叔母さんの家に送られたのですが、どうしてもそこに馴染めなかったんです」と、美月さんは語ります。

彼女の母親は、長年にわたって心の中に怒りを抱えながら育ち、成人してからもその感情が消えることはありませんでした。

その影響が、美月さんにも大きな問題となり、母親との関係に冷たさをもたらしていたのでした。

三世代にわたって受け継がれたトラウマ

美月さんは、母親が優しさを欠いていた理由をようやく理解できました。

そして、驚くべきことに、自分の家系は三世代にわたって「私は愛されない」というストーリーを繰り返してきたことに気づきました。

母親の冷たさは、ただの性格や気まぐれではなく、家系に代々受け継がれてきたトラウマが影響していたのでした。

その瞬間、美月さんははじめて、母親に対して深い共感を覚えることができました。彼女は自分の母親の過去を理解し、その冷たさの根源にある苦しみに心を寄せることができたのです。

すると、少しずつ美月さんの中で変化が起こり始めました。これまで夫に対して感じていた不満も、次第に自分自身の問題であることに気づき始めたのです。

「彼が無神経で冷たい性格だと思っていたけれど、それは実は自分自身のことだった」と、美月さんは心の中で理解しました。彼女の言動や態度が、夫の反応を生み出していたことに気づいたのです。

彼女は、自分が他人に対して心を開き、つながることができるようになれば、夫の態度も変わるだろうと感じるようになりました。

人とのつながりを避けていたのは、美月さん自身のほうだったのです。

セラピーを進める中で、彼女は自分自身の感情や行動を見つめ直し、少しずつ変化を起こしていきました。その結果、美月さんと夫の関係は改善し、ついには二度目の離婚を免れることができました。

美月さんは、パートナーとの関係を修復する方法を理解し、その重要なポイントに気がつきました。それは、関係を修復するためには、相手を変えようとするのではなく、自分自身の中で変化が必要だということです。

「変化は、他人に求めるものではなく、自分自身の中で起きるべきものだ」と、美月さんは心から実感していました。

こうして美月さんは、過去の傷や母親との関係を癒しながら、新たな人間関係を築く力を手に入れたのでした。

おわりに

本書では、親から子へ、子から孫へと家系の流れに沿って遺伝する集合的無意識のトラウマについて解説しました。集合的無意識のトラウマは、ここ20年程の間に〝遺伝するトラウマ〟として急速に認知されるようになっています。

ある家系において家族の秘密やタブーが後世の家族に影響を与える、たとえば親子代々アルコール依存症や離婚、貧困等が繰り返されたり、身内に犯罪に関係する者や自殺者が多い等といった場合、それは集合的無意識のトラウマが原因である可能性があります。

集合的無意識のトラウマは、トラウマを直接経験した人物（親や先祖）とトラウマの症状に苦しんでいる人物（子や子孫）とが異なるため、従来の一般的な心理学やセラピー、カウンセリング、スピリチュアルの手法によって、その存在を特定することや、発見したトラウマを解消することができません。

なぜならば、トラウマの症状に苦しんでいる人物の過去に、原因となるトラウマ体験を発見することができないからです。

つまり、トラウマの症状に苦しむ人物の中に直接の原因が存在しないという不思議な特徴を持ったトラウマです。

本書では、家系において集合的無意識のトラウマが作り出される条件や遺伝の仕組みを明らかにするとともに、集合的無意識のトラウマを発見し、解消することができる新しいタイプの心理学について解説しました。

誰しも悩みを抱えたり、病気になるのは嫌ですが、それは必ずしも悪い面ばかりではありません。すべての悩みや病気には、必ず良い面があります。

すなわち、すべての悩みや病気には有益な〝隠れたメッセージ〟が内包されていて、あなたに何か大切なことを伝えようとしてくれています。

その〝隠れたメッセージ〟とは、「あなたが現状の生き方をこれ以上、続けるのはもう無理ですよ」「あなたは今まで続けてきた無理のある生き方を変えることで、もっと楽に、もっと自然に幸福（健康）になることができますよ」というものです。

結局のところ、私たちが悩みを抱えたり、病気になったりするのは、「無理のある生き方」を続けているからです。

自分が無理のある生き方をしていることに気づかなかったり、気がついてるのに今までの生き方を変えようとしないとき、悩みや病気が警告を発して教えてくれているのです。

これは見方を変えると、「悩みや病気の状況は、今まで続けてきた無理のある生き方を改めることで、人生を大きく好転させられる大チャンスである!」ということです。

ただし、それは、あなたが悩みや病気が持つ〝隠れたメッセージ〟に耳を傾けて、謙虚に自分を見つめ直すことによって、今までの「無理のある生き方」を変えることができた場合に限ってのことです。

悩みを抱えたり、病気になったとき、人は痛みを感じるからこそ変わろうとします。

それは、幸福な人生を実現するための絶好のチャンスです。

悩み(病気)があるからこそ幸せになれる!

それが真実です。

もし、「隠れたメッセージ」を理解することなく安易なヒーリング（癒し）によって対症療法的に痛みを取り除くと、幸福に向けた変化のチャンスを奪ってしまうことになります。

たとえるならば、安易なヒーリング（癒し）は、ガンの末期患者に使用するモルヒネ注射（麻薬）のようなものです。

モルヒネは痛みを取り除きはしますが、病気（ガン）を根本から治すものではありません。

しかも、モルヒネには強力な依存性があります。

ヒーリング（癒し）も同様です。

ヒーリングは痛みを取り除いてはくれるかもしれませんが、人生（生き方）が変わることはありません。

ただ痛みを感じなくなって、楽になるだけです。

しかも、モルヒネ同様、ヒーリングには強力な依存性があります。

その結果、ヒーリング中毒に陥った人は、目先の痛みを手軽に取り除くためにヒーリングを繰り返し、問題のある生き方が変わることなく、いつまでも人生が低空飛行を続けてしまうのです。

あなたが今、学んでいる心理学やスピリチュアル、セラピー・カウンセリングはあなたを幸福にしていますか？

それとも、ただ痛みを取り除くだけのモルヒネ注射のようなものですか？

私はサイコセラピストとして「セラピーを決して安易なヒーリング（癒し）だけで終わりにしないこと」「クライアントの人生に必ず肯定的な変化をもたらすこと」という「結果重視」の姿勢をとても大切にしています。

あなたと、あなたの大切な人たちの幸福と健康を、心よりお祈りいたします。

本書は、著者が公開講座やワークショップで教えている『運命心理学』の内容を、セラピーの未経験者やこれから心理学を学びたいと考えている一般読者の方に向けてやさしく解説したものです。

本書の内容をさらに深く学びたい方や著者から直接教わりたい方、著者が開発した『運命心理学』についてもっと詳しく知りたい方は、271ページのＵＲＬを参照してください。

最後に、本書の執筆にあたりお世話になった方々に、この場を借りて心よりお礼申し上げます。

２０２５年１月

著者

棚田克彦（たなだ かつひこ）

サイコセラピスト
一般社団法人 日本プロセラピスト養成協会 代表理事
株式会社ビューティフルマインド代表取締役

兵庫県尼崎市出身。大阪大学を卒業後、同大学大学院で修士号（理論物理学）University of Rochester でMBA（ファイナンス専攻）を取得。関西電力株式会社、JPモルガン証券会社、バークレーズキャピタル証券会社等を経て、現職に至る。投資銀行勤務時代に、トレーディングや金融新商品の開発に従事するかたわら、巨額のお金を動かすストレスから自身のメンタル面をコントロールする必要性を実感し、本格的に心理学を学び始める。このことがサイコセラピストへの第一歩となった。現在は、新しい心理技法の開発を目指して日夜研究を続けながら、主要都市を中心に全国でカウンセリングやワークショップの提供を行なっている。著書に、『あなたの運命が本当に変わる心理学』『あなたの「悩み」がみるみる消える24の方法』『最高の人生を実現する「潜在意識」7つのルール』『人生が変わる「潜在意識」の書きかえ方』（以上、大和出版）、『心の「自由」を手に入れる技術』（すばる舎）がある。

本書の内容をさらに深く学びたい方や著者から直接教わりたい方、著者が開発した『運命心理学』についてもっと詳しく知りたい方は、次のURLを参照してください。

サイコセラピスト 棚田克彦 公式サイト：
https://www.tanada-katsuhiko.com/
メールマガジン：https://www.tanada-katsuhiko.com/pl/158809
ブログ：https://www.tanada-katsuhiko.com/blog
Facebook：https://www.facebook.com/katsuhiko.tanada
YouTube：https://www.youtube.com/@katsuhiko.tanada
Instagram：https://www.instagram.com/tanada_katsuhiko/
TikTok：https://www.tiktok.com/@tanada_katsuhiko

【メールでのお問い合わせ】
tanada@pro-therapist.or.jp

トラウマは遺伝する

家系に刻まれた「運命」を最新の心理学で解き明かす

2025年2月14日　第1刷発行

著　者　棚田克彦
発行者　唐津　隆
発行所　株式会社ビジネス社
〒162－0805　東京都新宿区矢来町114番地　神楽坂高橋ビル5F
電話　03－5227－1602　FAX 03－5227－1603
URL　https://www.business-sha.co.jp/

〈カバーデザイン〉谷元将泰
〈本文デザイン＆DTP〉関根康弘（T-Borne）
〈印刷・製本〉モリモト印刷株式会社
〈編集担当〉山浦秀紀　〈営業担当〉山口健志

ISBN978-4-8284-2700-3